我反對多元文化，有時候

王盈勛 著

【自序】為何我反對多元文化，有時候

因為在藝術大學教書，我常問課堂上的學生：「『創作是反映個人內心真實的感受，沒有人可以把自己的標準，強加在別人身上，因此，作品沒有絕對的好或壞，我們要尊重每個人的判斷』」，這樣的說法，成不成立？」。

迄今為止，我還沒遇過反對這種說法的學生。

這種創作的民主觀，誰敢反對呢？反對者，不就是一種知識上的霸權，文化上的菁英主義，甚至是用資產階級、沙文主義、或帝國主義者的有色眼鏡看世界，該死。

誰都想當民主、開明、進步的人士。

但民主人士遇到另外一個問題，通常是沉默的：「如果眾生及他們的作品都是平等的，那麼，你們進到這所學校，百分之十的錄取率，應該錄取的是哪百分之十？將來你們畢業以後，或許有百分之十的人的作品，會被美術館典藏，成為名利雙收的藝術家，那美術館又該用什麼標準決定該典藏什麼？還有更根本的問題恐怕是，如果人人皆平等，作品無絕對，幼兒的塗鴉與藝術大學高材生的作品也該等量齊觀，那多年的苦練與高額的學費又有何必要，你們又是在這裡幹嘛？」。

在我們這個時代，尊重多元，可以是所有問題的回答，但這個回答，常常也等於沒有回答。舞蹈系的學生們，會很自在地說，高矮胖瘦都各有其美感，不應該用單一的審美標準，衡量不同舞者間的身形差異，但擺在眼前的事實卻是，北藝大舞蹈系，根本沒出過胖子舞者，而我們放縱這種口說民主與現實威權的並存，卻假裝它並不存在。但如果我們沒有這種雙重標準、精神分裂，我們甚至無法在當代世界生活下去。

文化上的相對主義，價值判斷的民主理論，要是真能成為現代人精神上的出路、信仰上的救贖，這倒也不壞。但它做不到。入學還是有標準，典藏還是論高低，還是有人被認可，有作品被當垃圾，但很弔詭的是，這種被承認與不被承認，變得比「前多元」時代更牢不可破，更呈現一種超穩定結構，因為就連「進步」本身，都已被「多元」吸納殆盡——既是多元，那麼永遠保持不變的訴求，不也具有高度的正當性，而且正當性也不應低於日日求新。

我反對多元文化，有時候。我反對它的假道學，我反對它的陳腔濫調，我反對它的把閃避當尊重，我也反對它的把意義淪喪感偽裝成自由。

我們要對抗多元文化，有時候。如果我們還願意相信，超越性的追求，並不是毫無意義，如果我們還願意信仰，湖海山川都那麼美麗，絕對不可能只是巧合，如果我們還願意堅持，網壇天王費德勒的精準截擊，在哪個時代都能讓人熱血沸騰，那我們就不得不站起來，反對多元文化的鴨霸、虛無、以及客套背後的保守。

這本書是個嘗試。

目次

兩岸關係多元，有時候

政經多元，有時候

社會多元，有時候

教育多元，有時候

學院歪風是怎麼來的？強演國際一流是也

從前教育部長蔣偉寧（包括陳致遠兄弟）、台大生化所團隊（教授郭明良，及可能涉及的台大校長楊泮池等）、到其他大大小小的研究論文抄襲造假案，臺灣的學院在國內外的名聲都不太好。

新科中研院院長廖俊智說，研究首重誠信，此話自是不假，但真正的問題恐怕是，那為何以前的研究者比較有誠信，現在就「人心不古」了呢？

不少的批評者都已指出，只為拚績效、重量不重值，是很關鍵的因素，這點我就不再多談。我們要進一步深究的是，那重量不重質的風氣又是怎麼來的？這點多數所謂的頂尖大學教授們都避而不談，因為這牽涉到他們的直接利益。但這利益之所在，正是問題的核心。大談誠信，只是讓結構性的腐化，被移轉為個人的道德問題。

一 所謂的「邁向國際一流」

這些造假出事的團隊，在事件爆發之前，我們不難想見，他們必然是以拿出了「國際級」的研究成果自詡，獲得了國家許多的資助。大學也鼓勵或逼迫老師們要往這個方向邁進，因為這些大學的主事者，個個要標榜自己是國際一流學校，要在世界排名中不斷奮勇向前，才能拿到政府補助中最肥美豐厚的那一塊。

什麼是國際一流大學呢？不在大學裡工作的人其實也不難羅列一些標準：對人類文明有重大貢獻、有悠久的歷史（像牛津與劍橋）、有原創思想的大師（像法國與德國的一些大學）、產出了很多厲害的公司（像史丹福與麻省理工學院）、有很多名流畢業生（像哈佛大學）、或是各國的學生都爭相前往就讀等等。

這些標準當然不是樣樣人人都同意，但一個簡單的事實是，今天就算台大在那些國際大學排名中名列世界第一，而且都用英文授課，你說世界最好的師資與學生，就會棄哈佛史丹福而就台大了嗎？這當然是痴人說夢。

臺灣的大學無法成為上述的、一般認知中的國際一流大學，未必是我們努力不夠、或是聰明才智不如人，臺灣在特定的研究領域，確實也已達世界頂級的水準，但若是論及整體大學的國際地位，牽涉到的其實是語言與國力的強勢與否，世界體系的結構性不平等、以及歷史與文化的意識型態作用等等因素，並不是一朝一夕可以改變的事。

但我們假裝一夕間超歐趕美、改變這個結構是可能的，只要多發表一點論文就可以，多開點英文課就可以，排名往前推進一點就可以。諷刺的是，每天盯著排名變動看，每天忙著衝刺論文數，每天忙著用教室窗外不講的語言教書的，都是第三世界的大學——多數人認知中不是一流大學的大學。真正歐美國家的頂尖大學，他們覺得「我們不需要，因為不管怎樣，我們都是國際一流大學」。

造假、飾演、自我欺瞞

努力上進沒什麼錯，但關鍵在於「強演」國際一流大學。沒有語言優勢、沒有世界體系中的結構優勢，沒有人口與經濟實力上的優勢，要打造足堪與歐美日頂尖大學匹敵的大學，非但不是一蹴可幾，可能三、五十年間也只能有一點點成果，但我們卻要在很短的時間內就要看到成果。

這種強演，最後就演變為一種對內的自我欺瞞。因為在大學的核心價值上不可能是國際一流，我們只好在一些定給第三世界大學窮開心的所謂「關鍵績效指標」（KPI）上大做文章，這當中最重要的一項，就是論文發表數量。

正因為這種國際一流很牽強，第三世界的大學經營者與老師們就更需要特技般的演出，來掩飾這樣的牽強與他們的心虛。那些在關鍵績效指標競賽中勝出的「國際一流」研究者，特別是在生醫領域，每年發表數十篇論文者大有人在。這種超人般的產能（台大校長應該日理萬機，論文產出照樣不落人後），用常識判斷都知道不合常理，超出一個正常人類不眠不休可能有的產出的上限，但這種超人特技演出，卻是你在強演國際一流的大戲中，要成為拿很多錢的特聘教授、講座教授、乃至包很多大案子的基本要件而已。

我們的教育部說要多開課程，加強學術倫理教育，這是天大的笑話。造假抄襲是錯的，需要上課才知道？問題的根本，是我們的國家與教育體制，搭建了一個我們無力撐起的國際一流戲棚子，既是國際一流大戲，就需要好萊塢級的巨星，而當明星連靠化妝都撐不起場面的時候，片酬卻又是如此的誘人，就只剩下造假一途了。戲裡要造假不足為奇，因為劇情有需要。

臺灣的這場國際一流大戲能否落幕？我是悲觀的。因為那些拿慣了鉅額片酬的人堅稱，這不是一場戲，而且相信的人還不少。

你有沒有，不要讀大學的勇氣？

少子化，大學太多，臺灣人一向很習慣地，將矛頭指向政府當年廣設大學的政策不當。

政策當然可以批評，設立一些早知道會收不到學生的大學，也絕對不是個什麼聰明的決策。但臺灣的家長與學子很少自問，誰規定，有大學念，你就一定要念？要不要念大學，不是自己應該為自己的人生做的決定嗎？

這就像，超市的泡麵選擇琳瑯滿目，要是你覺得吃泡麵對身體不好，沒人規定你非得買一包回家不可。誰說人人都有大學念，人人就都得念大學不可？大學供給過剩固然是個問題，但那是大學經營者的問題，跟一般人並不相干。

但是擺在我們面前的事實是，人人可以有大學念，絕大多數人都念了大學。我們看到一些社會賢達、知名人士忙著在批評大學畢業生程度太差，沒資格或不該念大學，但他們通常是指別人家的小孩不該念大學，他們自己的小孩還是念了大學。

身為大學老師，我肯定讀大學的價值。這將會是人生難得的機會，我們有大把的時間與餘裕，可以嘗試創新與面對失敗；覺得以後有空再來讀的經典，或是以為年長思想自然會成熟的終將會發現，這些事終究大半還是只能發生在大學時代；我們一生中最不會因為時間、金錢或是想法改變而生鏽的情誼，比例最高的總會是那些學生時代混一起的狐群狗黨們。

但這些究竟重不重要，念了大學，再怎麼美好的假設能不能實現，還是要靠自己的判斷跟努力。

在臺灣這種環境，要做出不念大學的選擇，其實要比念大學還困難得多。

有比例甚高的高中職畢業生，他們念大學的唯一原因，是因為考上了大學。考上了就念，但這年頭考上大學幾乎沒有難度，造就有去考大學的幾乎都念了大學。

廣設大學的初衷，如果從願意接受教育的人都有機會接受教育的角度來看，談不上有什麼錯。從結果來看，在臺灣，想念大學的人有超乎正常供給平衡的選擇，難道不也是一種幸福的「消費者」嗎?有哪一個市場，是在抱怨選擇過多的呢?

真正的關鍵，是臺灣的年輕人要有思考、勇敢地做出選擇，不想念大學、沒有學習動機、覺得念大學沒有為你的人生加值，那就不要念大學。

如果你覺得，念大學不會開拓你人生的視野與可能，那就選擇不要念大學。

如果你覺得，唸完大學，對你職場生涯的發展與精益求精沒有幫助，那就選擇不要念大學。

如果你覺得，有比坐在大學課堂裡更好的學習方式，那就選擇不要念大學。

如果你有自信，可以克服這個社會因文憑主義而設下的種種阻礙，那就選擇不要念大學。

不要因為大學已經在那裡了，你就一定得在大學裡，浪費你的青春，繳交你並不甘心的學費。

這樣的勇氣，其實沒有想像中那麼難。既然上大學這麼容易，就表示大學之門隨時為你開著，或許有一天，也許是一年、兩年或三年，你終於還是覺得念大學對你有意義，那就再來念大學。

我可以很有信心地跟年輕朋友們保證，這絕對要比你茫茫然地就念了大學要好得多。

大學整併只是一場無謂的假戲

據《聯合報》去年十二月三十日的報導，為了因應所謂的少子化問題，教育部正積極推動國立大學整併，執行中加研擬中的共有七案，包括：清華與新竹教育大學、高雄海洋與高雄第一科大、陽明與交通大學、台東大學與台東專校、成功大學與台南藝術大學、以及尚在構想階段的台大、台師大以及台科大，和中山大學與高雄大學的合併案。這當中，因陽明與交大師生頗有異見，已暫緩整併的時程，台大、師大與台科大則是先成立「臺灣大學系統」。

本來，大學整併並無不可，學生來源少了，學校應該跟著減少，表面上看來似乎也順理成章，但我們若細究整併的方式與內容，就知道事實恐怕並非如此。

一個最顯而易見的道理是：學校少了，不等於招生人數少了，但只有減少招生人數，才是真正「因應」少子化。這就像任何兩家公司合併，絕不等於產能降低，或是顧客數減少，兩者並沒有邏輯上的必然關係，企業在合併後還擴張營運規模的，也是所在多有。

那麼，這些大學整併以後，會不會減少招生員額呢？看起來不會。在同則新聞裡，教育部說，整併後的兩校，招生名額可跨校區流用。換言之，整併後的兩個校區，實則反而有更大的彈性「不減招」（招生狀況不理想的校區招生名額，可以搬到另外一個校區用）。此外，整併後的新大學，會不會主動減招的意願提高呢？當然不能說完全不可能，但機率甚低，因為若要這麼做，不整併也能做同樣的事，更何況，在大學裡工作的人應該都不難想像，校方為了順利推動合併，必然要承諾整併後各系所「權益不受影響」，而這也就意味著，整併後的大學要減少招生的困難度，事實上還高過原學校來做同樣的事。

若只減少了學校數，卻不減學生數，此事又與少子化何干呢？少子化這個原本應該值得國家正視的人口趨勢，如今卻淪為各方人馬遂行其他目的的掩護而已。

我們的教育部不是不久前才說，後頂大時期的大學政策發展目標，是希望校校有特色，但令人不解的是，是大學校還是小學校比較容易有特色？僅因規模與地理區位接近就整併，如何能增進學校特色？目前規劃中的大學整併方式，既無力回應少子化問題，也與發展大學特色的政策背道而馳。

國立大學的「正面」效益，僅止於對外有了個回應少子化的「政績」（減少學校數比減少學生數來得搶眼。私校退場機制其實也是半斤八兩，說報到率太低的學校就要減招，等於就是說生意太差的餐廳就要少擺一點椅子，表面上聽來有理，但既然都沒顧客了，擺多少椅子又有何差別？唯一的功用，就是說明政府有在「做事」了），對內則是抒解了我們的國家財政再也越來越無力供養這麼多國立大學的事實（看看有多少大學所謂的新校區開發，超過十年仍是荒煙漫草一片）。

對那些「自願」整併的大學而言，則是在政府半利誘的情況下，將合併視為爭奪有限高教大餅的方式（教育部已允諾，後頂大「高等教育發展藍圖」的800億元預算，至少有一成會撥給整併成功的大學）。

唯一無人在意的，很諷刺的，就是少子化問題。

國立大學不是不能或不該整併，但為何而整，該如何整，我們的國家應該有更清楚的政策邏輯。若我們真的希望每所大學都有自己的特色，我們就應該思考，什麼樣的大學治理與資源分配方式可以達成這樣的目標。

臺灣的大學為了爭奪頂大、教卓預算，盲目地衝業績、拼論文，十年間把大學弄得面目全非，與真實世界脫節，現代版的儒林外史天天在大學校園上演，難道我們都還沒有從中得到教訓嗎？

如何耗費一代人的青春

總統選舉將屆，兩大政黨總統候選人都說，大學教師不應忙著量產論文，把學生教好、對社會做出貢獻，是更重要的事。

這事由他們口中說來輕鬆，彷彿此事天經地義，本來就該這樣。但這背後，卻無人追究，如果本來就該這樣，那為何不是這樣，誰造成這樣，以及未來會不會繼續這樣。不去思考這些問題，總統換了人，臺灣高等教育的沉淪毀壞趨勢不會有所改變。

大學教授為何忙著量產論文？因為十年的頂大跟教學卓越計畫下來，臺灣的大學文化，已從研究、教育與服務文化，被徹底轉型為業績文化。政府教育經費緊縮（偏偏大學數量又以倍數成長），在僧多粥少的情況下，教育當局引進了所謂的「市場機制」，要各大學拿出績效表現來，才能拿到贏家的獎酬。

怎樣證明自己是有績效的？學生有好的出路？這可能十年都還很難論斷。對社會有貢獻？參與太陽花學運算不算有貢獻，爭執十年可能也不會有結果。最簡單的方式，是發明各種量化指標，越冠冕堂皇越好（像是國際頂尖），越能證明自己值得這些錢。官僚壓迫學校，學校施壓老師，老師則壓榨研究生，一切都是為了績效。

當你說，官僚體系是這一切的始作俑者，官僚們則說，大學老師不該為量產而量產，我們從未要求他們這麼做，老師應該一本學術良知來做研究。有點管理常識的人都知道，這就像房仲公司的老闆跟房仲說，你們應該以社區營造為第一要務，但實則每個房仲都知道，要成交房子才有飯吃，兩者是一樣荒唐。

這十年來，我們的學用落差當然越來越大，因為解決學用落差沒有業績可以往上交代；我們的產業競爭力當然越來越差，因為幫助產業升級，沒有業績可以往上交代；我們的媒體內容當然越來越貧弱，因為寫報刊文章沒有業績可以往上交代；我們的公眾與社會事務當然越來越看不到大學老師的身影，因為參與公共事務，沒有業績可以往上交代。

當你提出警訊，官僚們又會說，我們已經交代，上述的這些都要往上交代。於是我們看到，老師們開始自費去買五萬元一個的產業合作案，以便往上交代；和學生談談他們的未來，還得拍照存證，以便往上交代；一學期的服務學習得搞三次的期初、期中與期末報告，一切的一切，都只為了往上交代。

一代知識菁英的青春，就這麼被消耗掉了。要謀得一個大學教職，得量產論文；已得到教職的，要保住工作、要升等，得量產論文；想升官、得到學術榮譽的，得量產論文。至於為誰生產論文？這是一個不能問也不用問的問題，為了可以往上交代。一代社會的機會與可能，就這麼被消耗掉了，因為官僚與大學教師，都認為他們沒有責任與義務，給學生與社會一個交代。

總統如果都換人了，這種往上交代的業績文化會不會改變呢？我們不能太樂觀。

往上交代既然在過去十年，有效地成為教師評鑑、升等，學校獲得資源的主要依據，這些靠業績取得權力的當權者，又怎會輕易放棄他們獲取權力的方式？文化既已形成，就沒有那麼容易改變。最典型的例子，現在的大學要新聘一個老師，有可能不把他發表的論文數量列為第一考量嗎？在多數的系所裡，基本上已經沒有可能了。

官僚們也感覺到事態嚴重了，他們說，後頂大的大學教育，要校校有特色，只要交代特色在哪裡，就有預算可以拿。如果我們的官僚至今還是分不清楚大學真的有特色，跟往上交代有特色的差別在哪裡，下一代人的十年青春，免不了又要葬送在這往上交代的文化裡，不管誰當總統都一樣。

業績文化造就不了真正的國際頂尖，同樣也造就不了真正的大學特色。往上交代的業績文化風氣無法改變，不管新的計畫叫什麼名字，有什麼好的初衷，都無法挽救臺灣大學的虛無造假，向下沉淪。

這事並非全然無望。要救救我們的大學，救救我們的大學生，救救我們的社會與產業，只要教育官僚別只關心自己的業績與政績，減少競爭性預算而回歸常態性預算，不要搞那些大而無當、華而不實的計畫，讓大學可以真正的自由發展，大學的特色才能真正由下而上長出來。

過去十多年以競爭性計畫引導大學發展的作為究竟有無實效，看看臺灣在產業、人才與文化面的節節衰退就已得到明證，不須多加辯解。往者已矣，但是臺灣已經沒有另一個十年可以空轉與虛耗，不管國家與個人都是如此。

未來的菁英不是這樣教出來的

五年一度的國際蕭邦鋼琴大賽日前揭曉，亞裔的演奏者囊括了前五名中的四位，但臺灣的參賽者不在其中（其實也有一位得獎者的父親來自臺灣）。這樣的成績引來大學教師「朱立安」在報端投書，指稱「『去菁英』教育怎贏韓，臺灣為何從蕭邦大賽消失」，文如其題，大意是說，臺灣就是因為放棄了（藝術）菁英教育，才在國際競賽中節節敗退，比不上韓國（首獎得主為韓國演奏者趙成珍）。另《聯合報》也專文分析〈從蕭邦大賽看國力——南韓音樂奇蹟〉，引述音樂圈內人的說法，說臺灣官方沒sense，不知此類大賽乃國力之展現，卻未見官方大力支持云云。

這種說法在臺灣的教育體制下，自然會受到不少家長與學生的認同與歡迎——有多少家長會認為，自己的小孩不是菁英（或有成為菁英的潛質），所以理應獲得更好的菁英教育？

在急著表態喜歡或不喜歡、支持或不支持所謂的「菁英教育」之前，或許我們可以先從現象的觀察開始：如果五分之四的得獎者均為亞裔人士，那「正統的」歐美音樂學習者都到哪去了？如果得獎即為國力的展現，那不得獎，豈不也就是國力衰微的象徵？而歐美的音樂學習者得不了獎，是否也因為他們放棄了菁英教育？果真如此，我們是不是該說，韓中日等這些近年來的得獎常客出身的國家，在音樂的創新與成就上，已然領先古典音樂發源的老牌歐陸國家呢？偏偏又很少人這樣認為。

臺灣的教育者最常見的盲點，就是分不清學習能力與創造力之間的差別。我們把小學一年級就能說得一口流利英文、或是未滿十歲就能彈高難度的曲目稱之為「神童」或「天才」。或許在朱立安教授心目中，這種人才多出現幾個，就代表臺灣的人才培育或是「菁英」教育很成功。

但學習能力很好，是否等同於很有創造力呢？我們不能說兩者毫無關係，但這種關係，絕非很多人認知的接續關係——學習階段表現良好，未來就必然能成為該專業領域開創新局的人物。英文講得溜，跟能寫出偉大的英文小說，兩者的關係非常薄弱，前者是語言學習能力好，後者才稱得上是「天才」。

美國學者Jack Horner兒時有讀寫障礙，後來成為全球最頂尖的古生物學家。他在一九九三年受邀成為美國傑出成就學院（American Academy of Achievement）的一員。該學院媒合「成就者」（achiever），像是美國總統、諾貝爾獎得主、電影明星、運動員等，以及美國最頂尖的高中生，像是西屋獎與羅德獎學金得主等，目的則是希望成就者能給這些優秀的高中生一些刺激與啟發，幫助他們將來也能有傑出成就。

但Horner指出，多數參與這個學院的成就者都認為，若是當年的他們，根本不夠格參加高中組，而且更重要的是，他們基本上不是同一種人，這些高中生多數是線性思考者（linear thinker），但成就者卻多屬空間思考者（spatial thinker）。而事實也證明，該學院自一九六四年創辦以來，只有五、六個人能從高中組跨越到成就組。

對許多專業領域來說，要成為一個好的「學習者」，仰賴的可能是記憶力、腦手協調能力、或是耐心等等，但要成為這些領域的創新卓越人士，需要的可能是想像力、不滅的熱情、以及不怕犯錯的勇氣等等，兩者需要的能力存在極大的落差。我們當然也不用否認，學習能力好的人，也有可能取得相當高的成就，在臺灣這樣的社會可能也很吃香，但在這個時代，要成為開創新局的「菁英」，光有很好的學習能力是遠遠不足的。

讓我們回過頭來看，歐美的學生沒贏或贏不了蕭邦鋼琴大賽，在奧林匹亞競賽成績不若亞洲國家學生，是因為他們國力不如亞洲國家了嗎？我們若從頂尖科學研究或是藝術創作的成果來看，這恐怕並非事實。更接近事實的可能是，他們比亞洲國家更早體認到，想像力比知識更重要。我們有太多的「小時了了，大很普通」，並不是因為這些小時了了的學生長大後遜色了，而是學習與創造，本來就要求的是不同的人的質地，但在亞洲的教育環境中，卻向來只重視前者輕忽了後者，而我們經常還為此洋洋自得，自認超歐趕美。

臺灣需不需要菁英教育？那要看，我們究竟認為，未來的臺灣，是更需要有學習能力還是創造力的人才？在我看來，為了贏得大獎而來的菁英教育，不要也罷。讓孩子們有真正的自由，發掘他們內在的熱情與興趣，更有助於他們成為各個領域的成就者。未來的菁英，無法靠過去傳統的菁英教育教出來，也不是靠和韓國競爭比來的。真正有創造力的孩子，會在自由的土壤中，自己長出來。

多元入學一元化的台大，是對多元智慧教育最大的諷刺

日前，包括台大校長楊泮池、前清大校長李家同等多位學者連署，主張將大學入學學測延後到五、六月間舉行，並呼籲推動適性選才，以考試分發為主，甄選入學為輔的入學制度。

多年來，臺灣的教育受到「多元智慧」理論影響極大，相信不同專長、不同智能的孩子都應該有機會發揮其所能，因此在大學入學制度上，在這一、二十年間也歷經了諸多變革，一路朝著多元入學的方向邁進。

入學方式雖然多樣化了，多數學子的終極目標卻是數十年不變：進台大。這樣的變與不變的組合的結果，就是讓鋼琴彈得好、籃球打得棒、或是家住得離臺北遠一點，但是高中學業成績相對弱一點的高中生也有機會念台大。

這種理想表面上看起來相當崇高：不同背景、不同出身、不同專長的孩子，都有機會能攀登人生的高峰、念人人稱羨的臺灣大學，誰（敢）曰不宜呢？

這當中唯一未被檢視的黑盒子，是做為學習成就超越顛峰象徵的臺灣大學。

在入學多元化的這一、二十年間，臺灣的高教預算不但沒有多元化，反而是更精英化

地往所謂的頂尖大學集中，而台大更是皇冠上的珍珠，拿走公私部門資源最肥美豐厚的那一塊。

而這一、二十年間，也是臺灣經濟趨緩、政府財政緊縮、公家或國營單位都得勒緊褲袋的時期，台大要怎麼自我合理化、並說服這個社會，它值得獨拿這麼充裕的國家預算與社會資源？於是台大告訴我們，它要衝刺全球百大排名，而且這種錢不能省，因為它牽涉到國家未來的競爭力。

這幾年間，我們看到台大拿出一張張國外媒體或大學所做的大學排名，證明納稅人花的錢是值得的。這排名是進步或後退其實也不太重要，進步時他們說，錢給台大果然是對的，退步時他們講，錢給得還不夠多，好的教授都被香港和新加坡給挖走了。

這些排名幾乎無一例外，都是以大學發表的論文數量為主要依歸。要衝這樣的排名，學校自然要回頭來給大學老師壓力，要他們發表更多的論文，否則就要沒了工作。不獨台大，任何想多拿政府預算的學校都走向了這條路。這二十年間的大學發展，不但不是多元化，反而是更走向了單向度的路徑。這樣的論文對於臺灣的產業發展究竟有何助益，我在先前的專欄裡已有論及，在此姑且不表，讓我們先回到多元智慧的議題。

這個月台大才傳出，連續六年獲得教學傑出獎的台大園藝與景觀設計系助教教授李國譚，因研究論文未達學院標準而遭不續聘處置。發表園藝論文，跟實際有無園藝設計能力、或是教出有園藝設計能力的學生的距離有多遙遠早不言可喻，更重要的是，為何要讓我們透過入學制度辨識出來的具有多元智慧與才華的高中生，去接受這種一面倒地往學院研究傾斜的「世界排名」頂大教育？這究竟是在鼓勵還是扼殺多元智慧？唸完了台大，他們在大學前具備的多樣才華，究竟是增長了還是萎縮了？

臺灣的社會，其實就是一個這麼虛假的社會。我們國家的高教資源，那樣集中地運用在競逐世界論文排名、發展傳統智識領域的學校上，卻還奢望這個國家的人才能有多元而平衡的發展；我們的家長，不管他們的孩子小時候展現了什麼樣的音樂、舞蹈、戲劇、烹飪、工藝或是園藝才華，如果進得去，就是要他們去念台大，不也正是在說明，在多數臺灣人心目中，多元智慧也不過就是「兒時限定，高中為止」，是家長炫耀子女多才多藝的閒暇活動，而並非是適才適性的人生選擇？

簡單來說，如果台大繼續忙著生產論文，國家的教育資源繼續有那麼高的比例拿來支持台大搞論文，那麼，對這些頂大學校來說，多元入學方案也的確可以廢止了——讓可以培養出美麗花朵、設計出優雅花園的孩子去學著寫國際期刊論文，這難道不是在扼殺人才嗎？

回歸以考試為主的入學制度聽來非常政治不正確，但獨尊數理、邏輯與語文智能，這不就是我們的大學正在做，而且越演越烈的事嗎？今天台大校長參與了那樣的連署，只想改變入學制度，卻不願意改變台大與社會風氣，讓天賦可以真正自由，台大校長誠實則誠實矣，卻是臺灣教育的悲哀。

指考成績不好不壞的中等生，才是改變未來臺灣社會的主力

指考成績公布了，照慣例，媒體又忙著報導，哪些學子考了滿分，哪些高中生即將成為台大醫科新鮮人。至於已經考上台大的，他們也不忘弄個領導學程，很有自信的宣稱，他們當中的一部分人，將成為臺灣未來重要的領導人。

誰能說不是呢？成績最好的學生進最好的學校，進社會以後，就期望值而言，應該也會有最好的工作表現，一切似乎理所當然。

但在我們這個時代，人生的勝利組，以及能對社會做出重大貢獻的工作者，真的是靠把這「一切最是最好的」元素組合起來的嗎？今天我要談的，倒不是什麼二流學校也可能出一流人才（這不是廢話嘛），或是在學表現未必跟畢業後的成就成正比（另一個廢話，任何人都可以輕易舉出許多反例），而是這個世界的改變，為何越來越有利求學時期只表現出「中等之資」的學子。

因為這個時代，最需要創新與冒險之精神，而這往往是學習過程中一路領先、表現優秀的學生所欠缺的。

就讓我從醫學院談起。即便大家都知道，自從全民健保實施以後，醫師的收入已大不

如前了，醫學院依舊長年穩居臺灣高中生的大學入學首選。臺灣學生偏愛醫學系，自有其複雜的歷史文化因素，在此我們先略而不談，先來想一個假設性的問題：一個指考分數排名全國前五十名的高中生，即使他心裡根本不想念醫學院，他得有多大的勇氣與意志，才能面對他選擇不念醫學系所遇到的「壓力」？有多少人會跟他說（包括他的父母與他自己），有這樣的分數而不念台大醫學系，是浪費了考試成績與努力的成果？

幾年後他從醫學院畢業了，他得抗拒多少壓力、多少的說嘴，才能不成為一個執業醫生？成為一個醫生，他得抵抗多少的誘惑，才能不去當個月入數十萬的診所院長，而是愛己所愛、但收入卻可能只有診所院長五分之一的醫學研究教授？

成功之人，通常會被要求走一條已被證明成功的道路。他們總是贏過別人，所以沒必要冒險。台清交的理工科系畢業就去台積電、聯發科，「自然」就拿了百萬年薪，何必冒險去創業或是新創小公司？但這經常不被看見的一體之兩面是，他們選擇冒險的機會成本太高、同儕都很成功所以也不能容忍自己失敗，因而在人生的選擇上，有一種隱性的保守、無可苛責的膽怯。

但對「不頂尖」的學生來說，他們沒有必然的成功道路，念什麼科系都談不上浪費分數，還有更重要的一點是，不好也不壞的中等生，挫折與失敗對他們來說就算不是家常便飯，也不太可能從未遇過。

如果是一九九〇年代之前的臺灣，我會說，「標準版」的好學生真的比較吃香。那時的世界，還沒那麼全球化，社會價值沒有那麼多元，社會與產業變化的速度沒那麼快，疆界與領域的崩解與再重組沒那麼澈底，職業的出路相對有限。在這樣的條件下，年輕人的選擇，高度集中在未來能見度高、收入穩定、又受人尊重的行業，的確是個合理的結果。

但在二〇一五年的今天，多數人應該都能同意，一個目標明確的好位置，你只要直直朝著它而去、並且跑得比別人快就行了的世界已經在快速消失當中。HTC從高峰跌落，花了不到五年的時間，你若人云亦云才跟著投入手機產業，唯一嚐到的應該是溜滑梯的滋味；十年前你若說有半數的律師可能一整年接不到一個案子，應該沒有幾個人會相信這樣的說法，但這卻是今日的真實景況。

我們面對的是一個高度變動、不確定的世界，但我們的資優、菁英教育圈，卻仍然有個非常僵固的對於教育與未來的判斷與選擇。因為這樣的選擇最安全，最能證明自己是資優生。念醫學系、電機系都頂好，沒什麼問題。有問題的是，當世界已然改變，我們先天或後天最資質優異的一群學子，如果還是集體地做了一個依過往經驗來看最安穩的人生路徑，我們其實也就很難期待這些學業成績最好的高中生，未來能成為引領做出改變的領導人。社會菁英成為領導人的機會或許真的高一些，但領導人不一定能引領社會做出好的改變，這從我們國家的最高領導人，不是已得到最好的明證？

如果我們真心相信，未來最關鍵的能力是創新與面對不確定的勇氣，未來的世界，也將是中等之資的人才的世界。太過傑出、成長過程一路順遂的人，因為他們在既定的、現有的遊戲規則中是優勝者、是既得利益者，他們也就不會有太大的動機去改變照著遊戲規則走的人生。一路都是贏家的人，他們不能容忍輸的感覺，人生稍微無法維持在領先同儕的狀態，他們就感受到莫名的焦慮，但真正的創新，不可能一定對、一定成功，害怕與防堵人生一絲一毫往下墜落之可能，不可能成為一個有創造力的人。

而中等之資者，他們不怕犯錯，人生不一定要一直贏；被嘲弄失敗也沒關係，反正這又不是第一次；主流市場都被佔了，他們習慣另闢蹊徑；他們沒有割捨不下的既得利益，所以能更輕巧地移動到一個全新陣地。這些都是創新者最好的質素，只是過去我們並不重視這些東西。

我們在同儕之間學習的相對位置，不僅決定了分數的高低、知識的多寡，同時也影響了我們的心智結構、看待自己與世界的方法，只是我們常常斤斤計較前者，卻漠不關心後者。資優生當然有可能突破那樣的限制，將自己的人生與視野帶到另外一個境界，但這靠的一定不是上了台大以後修領導學程，至於中等之資的學子們，不管你們上了哪個學校，請不要妄自菲薄，這世界正等著你們去做出改變。

「大學生程度越來越差」，是不是個事實？

在大學裡工作，免不了有很高的比例，朋友也是大學裡教書的同行。這幾年很多大學老師見面聊天，總是會感嘆或哀嘆：大學生程度越來越差。我在產業界也工作過頗長一段時間，業界老友見面也常說：你們訓練出來的大學生，越來越不堪用。

有時這些說法也不用太當真，就像人們平常也會說：「日子越來越不好過了」，實則跟日子有沒有真的變得不好過沒有關係，只是年紀偏大的人們，有種貴古賤今的習癖，今非昔比的感傷而已。

不過這種感嘆嘆多了，倒是有些大學老師也在媒體上寫起文章，舉證歷歷地說，大學生程度確乎大不如前；也有些企業大老闆信誓旦旦地說，大學畢業生起薪節節滑落，根本原因是大學畢業生競爭力低落，怨不得別人，怪不得社會。

既然如此，「大學生程度越來越差」是不是個事實，在當下，似乎也是個值得探討的問題了。

要試著回答這問題，得先界定「越來越差」是跟何時比？「程度」又指的是什麼東西的程度？在這裡，我只拿我自己念大學時期（一九九〇年前後，差不多是二十五年前），跟現在的大學生相比；至於程度，這裡指的是面對未來職場與社會生活的能力。

在我念大學那個年代，要當個「好學生」，看起來有競爭力，要比現在單純得多。那時電視只有三台；宿舍裡徹夜不歸的室友，多半是去打麻將；一個科目在圖書館裡能找到的參考書目，或許就那麼三五本，認真點一週就能全部看完；那個年頭也沒有教育學程可以修；我自己第一次出國，是要海外留學的那一天。

現在呢，如果要過個不枉四年的大學生涯，又要拿出一張看起來有競爭力的個人履歷，大學生其實相當忙碌。要考兩位數的證照；英檢是畢業門檻，服務學習式社會參與不能少；沒錢出國留學，至少也要海外姊妹校當交換生，或是澳洲度假打工；教育學程則是又修課又繳錢，取得教師資格卻只能當備胎，藉此找到工作的機會相當渺茫；Google搜尋相當方便，但光是過濾無用訊息，往往就耗去半天時間。更何況，可以從上述事項中引開大學生注意力的各種影音娛樂、線上遊戲、網路交友，跟二十多年前相比，多了豈止千百倍。

中高年的老師、企業經營者們如果願意多花點時間觀察現在的年輕人，不難發現他們比我們當年同年紀時懂的東西其實多很多，那些父母先富了起來、又肯在子女教育上投資的大學生，其三頭六臂程度，其實是早先世代的大學生中罕見的，但現在卻一點也不難遇見具備多樣才華的大學生。

但如果我們用傳統每一門課投注的時間與精神來看，這一代的大學生們或許真的少了；傳統教育觀念中重視的邏輯、結構問題思索、或是語文表述等諸般能力，年輕人或許真的弱了。因為他們很忙，很發散，或許也很圖像思考，他們可能懂很多，但他們懂的東西，有很高的比例，不在老師們感知的「學習」範疇內；臺灣的企業，可能也還不知道怎樣妥善運用年輕人具備的這些新興能力。而現在的年輕人，他們的能力究竟能拿來幹嘛，他們可能自己也同樣不清楚。

因此，大學生的程度是不是越來越差？那要看我們對程度的定義有多廣。至於程度的定義是廣點好，還是原來的好，那又是另外一個問題了。

讓我舉個例子。我在學校裡，教學生怎麼做五力分析、SWOT分析，這些都是很仰賴邏輯思考能力的工具，很多企業也都把掌握這些分析工具視為基本技能，是大學老師應該教的東西。以我的經驗，雖然我自認很賣力地傳授這些知識，但能深入這些分析工具精髓的，還真的是並不多見。

但我們不妨也來設想一下，曾是臺灣標竿企業的HTC今天所面臨的困境，是不是這些看似很理性的分析工具所能回答的呢？過去蘋果公司的諸般作為，從根本上都違反這些分析工具所能提供的解答，但它卻是打掛HTC那家公司，用學校沒教、未必認可的那些能力。

大學老師們應該做的，或許不是忙著指控學生程度越來越差，而是應該試著去尋找，怎樣讓學生們過去不被看見的能力，成為學生個人與臺灣產業的有效競爭力。

一個應該改變世界的年輕人，我們卻要他去找份工作？

十多年來錯誤的高教方針，把臺灣的大學，包括技職教育在內，一股腦兒地導向論文生產，而與臺灣的社會與產業發展脫鉤又脫節，於是，我們的教育主管機關「從善如流」，宣稱往後的高教政策將是「學用合一」，而這當中最重要的「指標」，則是力促大學要幫學生找到工作，就連我所任教的藝術大學，也要依此標準來衡量「績效」。

教育部有心要做出改變，這是好事，但教育部的變，還是有兩件事不變：一是官僚機構追求的變，永遠是個落後指標，二是他們認為應有的改變，總是要由上而下、一體適用地套用到所有大學。光是這兩點，就有可能讓好事變災難。

有個工作很重要，這點不用懷疑。但在我們這個時代，我們熟悉的工作正在快速消失當中，新工作也正在長出來，美國勞動部的一份研究報告〈未來工作——二十一世紀工作的趨勢與挑戰〉就指出，現在的學生未來所將從事的工作，將有百分之六十五現在還不存在。而這些工作，可能不是用「找」的，而是要工作者自己去創造出來。

新聞、傳播科系過去在人文、社會領域相當熱門，因為它似乎有個明確可以讓畢業生就業的產業。傳播相關科系在我們的大學數量快速膨脹的年代，也跟著大量增加，但在這十多年間，卻也是媒體產業一路走向衰敗的年代。傳統媒體訂戶流失、廣告銳減，轉型新媒體或許贏得很多「讚」，可以維持生存的營運模式卻不知在哪裡。

在這樣的年代，我們要如何訓練學生去「找到」工作？今天找到的工作，可能就是明天要消失的工作。未來在哪裡，其實老師自己也不知道。這世界變動太過劇烈，產業的疆界不斷重組，過去我們所認定的工作，很高的比例在未來將不復存在，而未來的工作，將有很高的比例目前還不存在。兩位年輕的新聞工作者靠群眾募資辦了一本單價很高、沒有廣告的雜誌《眉角》，這是創業還是找了一份工作？這樣的經營型態能成功嗎？說真的，沒有人知道。

蘋果公司的新產品發表會，不管是賈伯斯或庫克時代，我們最常聽見的一句話，不是這產品將會多熱賣，或是將為公司帶來多少利益，而是：這個產品很棒，它將改變這個世界。

臺灣公司的新產品發表會，他們大半告訴你，這個產品的C／P值很高，將能有效地搶佔市場大餅，投資人要對股價有信心。雖然我們也都知道，最後成為全球市值最高的科技公司的，還是宣稱要改變世界的那家公司。改變世界震撼人心所帶來的感動，並不是花大錢做廣告所能企及的境界，更像是藝術為這世界開展了一個新的可能之激情。

美國公司與臺灣公司的最大差別，不是技術、品牌或是全球運籌能力上的落差，而是美國人相信，改變世界很酷，而且是有可能的。而臺灣人，我們很務實，我們在別人畫好的著色本上照著輪廓塗滿顏色，這是個「確定可以得到成果的工作」，這是我們熟悉的全球產業分工模式。在分工體系裡有個位置當然不壞，但如果我們所有的作為都是為了鞏固這個體系，那就相當危險了。

這十多年來，臺灣人不太開心，因為越來越多國家的人們說，著色我也會，而且只要臺灣人三分之一的錢，還可以日夜趕工。

因此，臺灣的未來在哪裡，其實也就很清楚了：我們敢不敢說，我們也是那個可以拿起畫筆，勾勒這個世界該是什麼樣的人呢？我們的年輕人有沒有勇氣站起來，說我們要改變這個世界呢？倫敦商學院教授、著有《未來工作在哪裡？》的葛瑞騰（Lynda Gratton）就說，試圖描繪未來圖像越來越重要，因為今天我們已經不可能靠過去的經驗，來推論未來、想像未來。

我相信有越來越多的臺灣年輕人，他們是有這樣能力與勇氣挑戰未來的。但我們的社會與教育體制，又是怎樣面對未來的呢？

有太多的權威人士忙著教訓年輕人，有那麼多工作，為什麼不做呢？但這些權威人士至少也該自問，這些工作，有多少是看得見未來的工作，是未來十年不會消失的工作；當我們的教育主管機關，忙著要大學「很務實」地交出輔導學生就業的成績單，他們則是應該自問，誰來探索與想像臺灣的未來可能呢？

老師與教育機構應該做的，是鼓勵與激發學生有面向未來的勇氣與想像力，當一個勇於改變規則、勾勒未來世界樣貌的開創者。我們的教育目標，應該是要讓我們的工科與文科畢業生更有賈伯斯式的潛質，而不是要有這樣潛力的學子也去「找個工作」。

賈伯斯生前在史丹佛大學的畢業典禮上說，啟發他設計出第一台麥金塔電腦的，是他在大學時旁聽的書法課程。當時的他，並不知道這課程有什麼用，就如同人生的其他種種一樣，但在生命中的某一刻，這些東西就會串連起來，在我們的面前展現其意義與作用。

賈伯斯所說的，應該是很多創作者共同的經驗，這樣的經驗無法複製，但我們可以努力的，是讓更多這樣的經驗有自由發展、浮現出來的機會。但現今我們的高教體制，鼓勵的並不是這種探索、挑戰未來的勇氣，而是要大學訓練學生們去找到一份工作。

有些大學可以以此為目標，但是當我們的教育體制要求所有的大學都依循這樣的指標，這是在扼殺臺灣的未來想像力。原本最有機會引領臺灣未來想像力的三所藝術大學，在強調論文生產的大學體制變革的第一個十年，已經先是被邊緣化了一次。很顯然的，未來教育主流方針轉向「學用合一」，這些藝術大學又要再被邊緣化一次——藝術工作者的使命，向來就是開創一個世界，而不是找到一份工作，但這並不在我們的教育政策主導者的認知地圖之中。而再錯失一個十年，我們的國家與產業，也將在繪圖與著色兩頭落空的尷尬處境中無地自處。

畢卡索從未找到一個工作，但他所從事的工作，開創了一個新世界，為西班牙乃至全世界帶來一個全新產業，為一代代的千百萬人找到一個工作。沒有創作者，任何的文創產業都將只是口號。我們的高教體制如果將創作者與培養創作者的藝術大學邊緣化，就是冒著在未來世界將臺灣邊緣化的危險，因為臺灣最欠缺的，就是可以勾勒未來世界樣貌的開創者。

當官僚也搞起市場競爭——是誰讓大學忙著打假球？

近十年來，臺灣高等教育資源分配最重要的轉變，是常態性預算的緊縮，及伴隨而來的競爭性預算的擴張。翻譯成白話就是：錢不能白給你，要拿得出「績效表現」，才夠資格拿國家的教育經費。在這些競爭型經費當中，規模最大、影響高教走向最深遠的，一為五年五百億的頂大預算，二是給無緣列名頂大方案學校申請的教學卓越計畫。

過去幾年，頂大追求「世界一流」的目標是否合宜已有諸多討論。但是這類討論很容易淪為，只要換個目標，或是調整一下方向，這種高教預算分配方式似乎是沒有問題的。我們的社會也普遍存在一種信仰：民間社會的廝殺競爭這麼嚴重，學校有什麼資格養尊處優就有經費拿？有競爭才有進步嘛。

為了避免偏移焦點，今天我們就先姑且同意「競爭有助於進步」這個前提（儘管這種進步觀是否適用教育領域，仍是大有疑義的）。即便我們認同大學間應該相互競爭以求取進步，在臺灣的高教體系所採取的競爭方式，仍與「真正的」市場競爭有很大的不同——這場競爭，是由國家官僚所主導的競爭。

官僚主導的競爭有什麼特色？我們不妨從結果來反推，就可一探究竟。

臺灣的大學排名向來有其「僵固性」，台清交成大等校一路排下來，幾十年來沒有太大的變動。我們不妨設想一下，不管台清交成大的實質表現如何，在「競爭」頂大的過程中，審查委員有可能「獨排眾議」，罔顧社會的認知，跳過這幾所學校，將很高比例的頂大預算，分配給其他「有潛力」的學校嗎？基本上沒有可能，因為這將引發嚴重的「政治問題」。但如果頂大預算只能這麼發放，符合既有的「政治正確」，這跟直接按傳統學校排名核發預算又有什麼差別，所謂的的競爭機制又是所為何來？

再來看所謂的教學卓越計畫。一〇四學年度，教育部一共拿出三十一點二億，補助了七十一所大專院校，包括一般大學三十三所，技職院校三十八所。針對一般大學的補助，金額最高的中原大學與逢甲大學拿了八千萬，最少的是國防醫學院拿了二千八百萬，補助金額的區間則主要落在四千萬到六千萬之間，一共有十九所學校。在技職院校方面，拿最多錢的是北科大與雲科大的七千萬，另有四所學校拿了最少的二千五百萬，多數學校的補助金額則是落在三千到四千萬之間。

教學卓越計畫的補助，表面上看來相當「公平」，雖還沒到校校有獎的地步，但已涵蓋各主要的公私立大學，而且補助金額高低差距並不大（如果把各校的規模納入考慮，更是如此），但是如果我們把頂大計畫的「傳統名校」框架和卓越計畫的「雨露均霑」模式合而觀之，我們就不得不回頭問一個最簡單的問題：如此大費周章，搞到各大學人仰馬翻的預算分配方式，如果只是得到一個大家都覺得「本來就該如此」的結果，試問，那何不就用常態性的預算方配方式，將經費分給各校就好？這也就是說，高教經費的分配，在競爭的包裝之下，實則跟過去的經費分配沒什麼兩樣。

有人或許會說，有了競爭「機制」，至少會讓各大學「皮繃緊一點」，對大學的教學與研究不是壞事。這事要是可以成真，試問，為何我們的產業界與政府還要持續抱怨人才斷層，大學畢業生不堪用，我們的科技實力與昔日競爭者韓國越拉越遠，而年輕人則是身陷低薪困境、苦無出路呢？理論上來說，大學不就是培養人才、提升科技實力的火車頭嘛，為何我們的大學競爭了老半天，換來的卻是這樣的結果呢？

在我看來，教育官僚搞的「市場競爭」，不但對教育與社會的助益有限，而且危害之大，遠超出社會大眾所能想像。

首先，它讓原本應該把時間與精力用在教學與研究的大學教師，花了大把的心神在寫各種計畫書，填各種表格。內行的都知道，真的拿到計畫之後，為了符合官方結案、經費核銷的繁瑣要求，計畫經費的一大部分，得用來聘用計畫專案助理來管理這些計畫。這些計畫們的諷刺之處也正於此，在我們的教育官僚眼中的市場機制，實則只是創造了更高的管理與行政成本，但這些完全不在他們的考慮之列。

其次，大學最可貴的精神之一，原該是大學與其從業工作者，可以獨立自主地判斷與回應學生、社會的需求與挑戰。教育主管機關的「競爭」機制，很弔詭地把臺灣的大學，一個個轉化為嗷嗷待哺、仰望上意的懦弱組織，行政官僚則是取得了前所未有的權力，大學只要偏離了官僚所認知的「未來趨勢」，就有可能受到經費上的「懲罰」。二十一世紀廣泛被探討與應用的分散式創新（distributed innovation），講的是怎樣善用每個工作者的在地觀察與智慧，但是我們的教育官僚管理或規訓高等教育機構的方式卻完全與此背道而馳，拿的是上個世紀管工廠用的管理工具，套用在原應以創新為導向的大學身上，像是全面品質管理（TQM）、關鍵績效指標（KPI）等等，並且還以此沾沾自喜，自以為進步，豈不悲哉？

其三，經費的運用以計畫為單位，計畫告一段落，經費無著，計畫之事在校園裡就無人聞問。但有點教育常識的人應該都知道，教育要有實效，必然是長時間累積得來的，今年搞服務學習，明年搞產學合作，每樣看起來都大有來頭，卻每項幾乎都是以無疾而終收場。年年都有重點方向，實則就是沒有方向，這不是很簡單的道理嗎？我們的教育官僚會說，下一期可以再提有延續性的計畫啊，沒人說不可以。但有申請計畫經驗的人都知道，同樣的計畫連年申請，也就看不出你有「額外」的努力，官僚們則是看不到新年度的政績在哪裡，所以想拿錢，就得不斷地發明新概念，提出各種新計畫，至於一兩年前的計畫究竟有何實效，沒有人在乎，唯一重要的事，是拿到更多的新計畫。

最後一點，也是危害大學教育最深的一點，是為了競爭的「公平」，也為了方便「管理」，我們的教育官僚忙著要各大學建立各種統一標準，只要無法建立統一標準的，就被視為是無用、不重要的事。因此，可能需要數年田野考察的人類學研究，被拿來跟一個實驗可以產出三篇論文的科學論文一起稱斤論兩，決定績效。其所導致的，就是學院過去的同行評鑑、同儕評論（peer review）制度，一步步被所謂的統一標準所侵蝕與取代，影響所及，這年頭學院裡流行的問候語，已不再是問你做了什麼研究、當然更別說是對社會有何意義或貢獻，而是你製造了幾篇、有幾個i（閱讀此文的學界人士也可自問，一個同行皆知專業知識與能力有限，卻靠各種機巧方法發表了大量i級論文的大學從業人員，我們是否有能力與勇氣在正式評鑑場合，揭發這種學術詐騙集團，還是只能默默地看他們接受「統一標準」的加持？）。很少人問，究竟這樣的公平要幹嘛？不能說的祕密是，往上交代拿預算而已，沒有其他功用。我們的官僚們一定會說，他們從未要求大學這麼做，但這就是他們的「競爭機制」所導致的，在大學裡發生的真實境況。

臺灣的國力為何都在虛耗，大學提供了一個真實的縮影。要救救我們的孩子，救救我們的大學教育，救救我們的國家，首要之務，別再用假的競爭機制，讓大學忙著打假球了。

崩解中的人文與社會教育——少子化論述所掩蓋的真相

大學研究所報名熱季剛過。不出意外地，各校報名人數一如往年，普遍呈現下滑態勢，就連所謂的「頂尖大學」也無法倖免，據《聯合報》統計，台、政、交大的報名人數，和去年相比，少了四百到一千人之譜，和十年前相比，報名人數則是腰斬。

在近年，大學的招生問題已是老生常談，而我們的社會對這問題，也已有了個制式的回答：少子化。在我看來，這種看似合理的推論，不但與事實有所出入，徒然將問題推給無可改變的「大勢所趨」，反而掩蓋了我們所面對的真切危機。

一個最簡單而基本的事實是，研究所的報考主力來自大學畢業生，那在過去十年間，臺灣的大學生，究竟是減少還增加呢？依照教育部的統計，從九十二學年度到一〇二學年度的十年間，臺灣大學生的人數，從八十三點八萬增加到一百零三點六萬，增幅為百分之二十三點六。這當中，除了一〇二學年度比一〇一學年度少了兩千人，其他的年份大學生人數都是成長的。

這也就是說，潛在「符合資格」報考研究所的人數根本還在增加當中，和少子化沒有任何關係。臺灣的大學生不讀臺灣的研究所，難道都是出國留學去了嘛？這也與教育部統計結果並不相符，臺灣赴歐美各主要國家的留學生人數，同樣也呈現下跌的態勢，僅少數國家有微幅的成長。

十年間頂尖大學研究所報名腰斬，這些大學的人文與社會學科報考人數則是頻頻破底。在一位學界先進口中，是臺灣最佳研究所的交通大學社會與文化研究所，報名人數從九十四學年度的七十五人，下滑到一〇四學年度的五人，跌幅百分之九十三；清華大學的台文所，十年間報名人數從六十三人下滑到十三人，跌幅百分之七十九點三；政治大學的傳播學院照理說應為該校的招牌系所，將過去新聞、廣電與廣告整合為傳播碩士學位學程，今年也僅有二百零八人報名，僅及十年前一千零二十八人報名的兩成；自詡為臺灣大學龍頭的台大也好不到哪裡去，大學部競爭非常激烈的外文系，研究所報名人數從一百三十四人跌到三十四人，音樂學研究所則由五十二人縮減到只剩十人。人文與社會學科研究所報名人數的巨幅萎縮，不但與大學畢業生人數增加的趨勢並不相符，平均跌幅也遠大於總體研究所的報名人數。

這事的嚴重性在於，當連臺灣的頂尖大學研究所都面臨了報名人數低於招生人數的窘境（還得加上考生重複報考同類多所研究所、考上沒來念、以及報名了根本沒來考等情況），這已不光是研究生素質良莠與否的問題（很多研究所為了生存，恐怕即便知道考生並不合適，還是得勉強收進來），而是整個該領域研究在臺灣的存亡問題。

在這十年間，差不多也就是我們的高教發展，宣稱以追求國際一流為目標，以五年五百億補助重點大學的同一時期。而我們的教育主管機關和拿到補助款的大學，自然也不忘宣傳這樣的大學走向與補助方式，如何提升了臺灣的大學競爭力，而這類的宣傳，又以國際大學排名提升了多少為主要的依據。

但諷刺的是，如此的頂尖大學，對臺灣大學生的吸引力卻是與日俱降，臺灣的大學生畢業生為這樣大學走向投了否定票。照理說，大學越「頂尖」，研究所的吸引力應該高過大學部才對，因為前瞻性的研究，對研究生的幫助遠大於大學生，大學生需要的，是基礎而質優的教學活動。大學生數量沒減少，不是因為大學的「頂尖化」對他們有所助益，而是家長、學生、以及我們的社會普遍地認知到，沒有一張大學文憑，中產階級或準中產階級式的生活將是遙不可及，因此不管臺灣的大學變成什麼模樣，對無力遠走他鄉留學的人來說，他們是沒有選擇地不得不讀，但是研究所，那就未必是如此了。

那麼，我們該如何解讀這樣的現象呢?我前面就說了，別再以少子化為藉口了。真正的問題，是在臺灣的教育主管機關的主導下，我們的大學體制對公眾許了一個無法兌現的承諾：大學越「頂尖」，學生就越有競爭力，未來就越有出路。

但這麼十年下來，不管是學生、家長、大學從業人員或是產業界的主觀感知，或是各種客觀數據所顯示的，這兩者要不是沒關係，就是關係非常薄弱，但是沒有幾個人敢於戳破這個謊言。

與臺灣現實脫節的國際期刊論文，為何可以增加學生的就業競爭力?沒有人可以回答這個問題。原本，為知識而知識，或是對現實採取批判的立場，也是大學重要的功能之一，不可偏廢。但是我們的教育機構，在過去一、二十年間，型塑了一種已被視為理所當然的主流氛圍：「有用」的大學課程與系所才值得存在，然後我們又假裝，大學之「頂尖」，確乎是對學生有用的。因而我們也經常可以在各大頂尖大學的網站，看到諸多基礎學科系所的網站，煞有介事地條列念了該研究所可能有的美好出路。

為何大家不念這些研究所了，根本的原因在於，經過這麼些年，大學畢業生也變聰明了，他們知道這些許諾，終將是不會兌現的謊言——真實社會已經年復一年地證明，耗費大把青春念這些過去可望不可及的研究所，對他們找到一個好工作、薪水高一點的工作幫助非常有限。

請不要誤會，我並不認為這是這些頂大系所的錯，真正錯誤的，是我們的大學體制，創造出這些錯誤的期待。頂尖的社會與人文科學研究，本來就無法保證學生能有對等頂尖的出路。唯一能提升這類系所畢業生出路的，是國家對文化、藝術與社會科學研究的重視，並提高從業人員的工作條件。在產業面，則是要促進產業轉型，提高創新、高附加價值產業的比重。但很顯然的，臺灣在這些面向上的進展與轉型相當遲緩。

臺灣的人文與社會學科要自救，在我看來，就是要從這無法兌現的謊言中跳脫出來，不要再去硬凹，從事社會批判對學生的未來出路有何幫助，而是要找回學生對知識的追求有真誠的熱愛、對社會改革有誠摯的熱情，這才是人文與社會科學研究應該走的路。

假的市場性，終究要被市場所淘汰，現在看清這一點還不算太晚。十年前，當這些假的市場性期待還不存在的時候，這些研究所還頂熱門的，不是嗎？

為管理喊個冤，幫大學脫個困

約莫是一、二十年前開始，臺灣開始了一波「全民學管理」的風潮。在這之前，學餐飲就是學怎麼做菜，學森林就是了解植物與生態，學醫療就是把病人照顧好。但是管理之風大為盛行以後，我們有了餐飲管理、森林管理、或是醫務管理這些新的名詞。在那樣的年頭，嘴裡參雜幾個管理名詞，或是有個ＭＢＡ學位，似乎是一件拉風的事。

理論上來說，這原本應該不是一件壞事：你原本就擅長的專業工作，管理的概念幫助你更有效地達成目標，這能有什麼錯呢？理論上是這樣沒錯，但是如果管理的概念被窄化、被誤用了，那有管理可能要比沒管理還要糟，甚至是災難一場。

近年來，臺灣大學的發展，淪為被各種績效指標綁架的俘虜，學校忙著爭大學排名、教師忙著論文積點、行政人員則忙著應付各式各樣的評鑑，漸漸被遺忘的則是學生究竟學到什麼東西、教授做這些研究到底對社會有什麼貢獻、以及我們的社會需要什麼樣的大學。這些問題無人聞問，只因為這些問題無法量化，因而也就無從成為績效考核的項目，就算勉強轉化為可考核的指標，多數也只能淪為形式主義的虛應故事。至於膽敢反對這樣的狀態與趨勢的，則經常被評為畏懼評鑑或因自身缺乏競爭力而心生不滿。

這樣的趨勢危害之大，遠超乎多數人的理解與想像。就拿商管領域來說，現在經常在媒體發表一般人看得懂的文章的，主力族群是六十幾歲的這群教授，五十幾歲的可能還有一些，四十幾歲的已是鳳毛麟角，三十幾歲的則是幾乎完全缺席。臺灣人經常抱怨媒體的淺薄與弱智化，但是最有能力提升媒體思辯與智識面向的學院工作者，卻是逐步從公共發言領域退位之中。

這箇中原因也很簡單：年輕教授為了評鑑的需求而得不斷大量地生產所謂的「國際期刊」論文，早讓這些大學年輕教師疲於拼命，他們哪來時間與精力寫這些根本不被學院認可的社會產出？

而為了登上這些外國期刊，研究者得揣摩或迎合外國編輯的偏好與口味，哪裡還顧得了研究對臺灣產業發展有何意義與貢獻？這些論文就算被刊登了，主力讀者也不會是臺灣的學生、研究者或是企業經營者（如果還有讀者的話），沒人看的論文，又怎麼可能對教育或是產業有實質的效益？對社會無用的，對學校、教授才有用，這難道不是臺灣的深切危機？但是我們卻將這稱之為「國際競爭力」。

弔詭的是，當我們的頂尖大學不斷宣傳五年五百億的預算，如何讓臺灣的大學在世界大學排名節節高昇，同一個時間點，我們卻看到臺灣的產業與人才競爭力節節下滑，這豈不是很諷刺地說明了，這樣的大學「國際競爭力」，是無法轉化為產業與人才的競爭力的？如果不能，我們究竟要這樣的國際競爭力做什麼？

大學的這種自我禁錮與限縮，經常被批評者通稱為管理主義（managerialism）。對我這樣一個從商管學院取得學位的人來說，這樣的說法既讓我感到羞愧又感到不安，我有時不想承認自己出身商管學院，有時又想狂喊：管理，不是這樣的！

把管理等同於「控制」、等同於可量化的績效指標，是上個世紀前半葉從科學管理以降到品質管理概念的產物。這一系列的「管理主義」，本質上對應的是工業社會製造業標準化、追求品質、以大量生產為依歸的生產邏輯。

一九五〇年代迄今超過一甲子，這世界已歷經很大的轉變。當代企業的核心競爭力，早已轉而強調創新精神、彈性多樣化、對消費感性層面的感知等等，對應的管理知能則是創新管理、強調冒險與實驗精神、對環境快速應變的能力等等，這些都早已是產業界耳熟能詳的管理知識。

在創造力經濟的時代，原本我們應該寄望大學扮演的，是知識創造的火車頭角色，勇於實驗，勇於冒險，勇於與眾不同。這原本應該是大學的天職。但是我們的大學，卻走向一條截然不同的道路，上西天取經，卻取到了上個世紀的經。我們的大學，引進了一套早已被拋棄了的「管理主義」，用工業時代製造業的管理精神，來箝制後工業社會的教育發展，這是一場令人觸目心驚的革命，卻是在思想與概念上非常「復古」的革命。

臺灣有脫胎轉型的陣痛，這在各個領域皆然，但是大學往「工業化」轉型，卻是違逆時代精神，危害甚深的轉型，它無法培育未來社會需要的人才、無法提供這社會需要的知識生產，它將使大學繼續和這個社會脫節。

管理有很多種，大學需要的不是現在這一種。管理要去汙名化，我們的大學則是需要從這種狹隘又過時的管理中脫困。SONY的高階主管說，績效主義毀了這家一度在創新上偉大的公司，我們的大學，能不能從中學到一點教訓呢？

四十八級分上臺大

宜蘭一名農家子弟，以學測四十八級分，依繁星入學方案錄取了臺大森林系，引發各方熱議。熱議之由來，主要自然是這樣的成績，夠不夠格、適不適合念臺大。

原本繁星之為用，應是讓偏鄉或弱勢家庭子弟，不受限於資源與出身，也能受到很好的教育，充分發揮其潛能與才華。這樣的制度立意良善，本應很值得鼓勵，但在臺灣獨特的社會與文化體制之下，執行起來總與原意有不小的落差。

此事的爭議之所以發生，歸根究底，還是在於臺灣的教改改了這種多年，終究還是只有入學方式有改，其他的什麼都沒改，只有入學方式很多元，其他的依舊很單一。

沒改之一，入學方式改來改去，多數的高中畢業生還是優先想念臺大。讓偏鄉的高中生，不受限於資源，有更大的空間可以自由選擇學校與學習的領域，並不等同於把他們都送進臺大。學測四十八級分，表示這位學生在高中那些以傳統智能為主的科目表現並不出色，為何他要選擇一個基本上是以延續傳統智能訓練為主的臺大理工科系來就讀？

沒改之二，臺大還是那樣的臺大。某種程度上來說，歷經了十多年的「頂大計劃」洗禮，力拚所謂的「國際一流」大學，臺大可能是一所比十多年前還更重傳統學科訓練的大學。好壞姑且不論，做為一種教育體制，我們該問的反而是，我們為何要送更多元的學生，去受更單向度的訓練？

沒改之三，臺大依然是得到最多社會資源的學校。我們也不能光怪學生與家長，不管自己或子女的天賦為何，一心一意就想進臺大，因為臺大的確是得到最多國家教育資源與社會關愛眼神的大學。每年百億臺幣的頂大預算，臺大一校就拿走三分之一，企業家捐款蓋樓，比例甚高也是錦上添花而非雪中送炭地選擇臺大，有機會進臺大就要念臺大，其實也是符合「經濟理性」的判斷。

沒改之四，傳統菁英依然比較好找工作，前途比較有發展。臺灣產業轉型並不成功，資訊科技產業雖然面臨很大挑戰，但依然是臺灣就業機會最多的產業部門。現今的臺灣，你若「輕信」了教育應該多元，智能應該自由發展，進入社會以後，你會發現就業機會是如此的單一，才華派不上用場，人生之路倍感艱辛。

在這些「沒改」環伺之下，四十八級分進臺大的尷尬，其實是臺灣社會的尷尬，而不是這位高中生的問題。要是我們的社會價值很多元、就業機會很多元、教育資源分配很多元、教育的內容很多元，偏鄉資源有限小孩的選擇才會真的很多元。而我們的社會的矛盾之處也正在於此，持續堅信兆元產值產業的重要性，追求國際大學排名的必要性、以及大學入學制度公平性，卻將追求多元與適性發展的要求強加在一個偏鄉高中生的身上，這是何其殘忍的一件事？

請選擇那些很難的事

畢業多年的學生準備要出國留學，來找我聊天兼拿他的推薦信。學生問我，我常鼓勵學生多看看世界，有機會要到世界不同角落闖一闖，為何又曾為文反對臺灣人到澳洲度假打工？

在我看來，這一點也不矛盾。我們每做一件事，不妨都先自問，做這件事的初衷是什麼，這件事的本質又是什麼。勇闖天涯的目的，原本不就是為了脫離自己熟悉的舒適圈，讓自己的視野與能力得到在家鄉無以實現的提升？

那麼多人去度假打工，臺灣留學歐美的人數卻緩步下滑，到全世界其他兩百多個國家工作的人數也是不成比例的低，難道不是因為度假打工簽證門檻低，先去過的朋友或是學長姊人數眾多，可能有人照顧或是有安心感，而且不用花那麼大的力氣準備留學所需的種種考試？

想看看世界有多大，卻又不想花太大的力氣準備與研究，是臺灣人度假打工集中在少數兩三個國家的主要原因。但輕飄飄的選擇，只能換來輕飄飄的結果。你若花了大把的時間在農場低頭採番茄，又有多少時間能抬頭看看這個世界有多大？這樣的勞力工作經驗，又能對未來人生的視野開拓與能力提升有多大的助益？

只選輕鬆的路走，是臺灣陷入當前困局很關鍵的因素。

臺灣現在那麼多人瘋韓劇、迷韓團，臺灣自製的電視節目卻凋零得令人唏噓不已，何以致之？最簡單而具有安慰劑效果的標準答案通常是：臺灣市場太小。但這種答案根本忽略了，韓國也不過是個五千萬人口的國家，像《太陽的後裔》這樣製作經費近四億臺幣的電視劇（一集的製作經費為兩千五百萬臺幣），同樣也不可能靠韓國的國內市場回收成本，而是在節目企劃的同時，就已將海外市場的收入納入考量。

臺灣的電視人的選擇則是，宣稱電視頻道的平均收視率越來越低，節目製作經費只能等比例的越來越少。而這越來越少的經費製作出來的節目，對觀眾來說自然也是越來越沒有吸引力，往下沉淪的惡性循環就此開展。

電視平均收視率往下滑全世界都一樣，不同的是，不同國家的人，回應的策略不一樣。韓國人用企圖心與冒險來挑戰一個更大的市場（也沒人能保證韓國人一定能成功），我們臺灣人呢，選擇了一條比較輕鬆的路來走——有多少錢，做多少事，聽起來言之成理，但其產出，不會是現今的全球市場有競爭力的產品。

電視業在臺灣並非特例，我們過去的專長叫彈性快速，向來的習慣是短期回收，不做太冒險的投資。過去這套還算靈光，但這樣的思維若還可行，臺灣的經濟現況也就不致坐困愁城。

最近鴻海董事長郭台銘經過四年的努力，終於成功入主日本夏普。有點產業常識的人應該都不難理解，要成功扭轉夏普的頹勢，絕對不是簡單的事情，但這事堪稱令人振奮也正在於：年逾六旬的千億富豪都在挑戰困難之事了，年輕人還要選一條輕鬆的路走嗎？

教育竟成百日大業

「十年樹木，百年樹人」雖是老掉牙的說法，但至少點出了教育事業短期不容易看到績效，需要長期經營這個簡單的常識。

常識雖簡單，但關於大學教育政策，我們的教育主管機關，卻經常做一些與常識背道而馳的事-他們要臺灣的大學忙著衝刺業績，短期內就要拿出業績來。教育這個百年大業，在官方的主導與利誘之下，已淪為百日大業，既無方向，也沒有靈魂。

政治大學與臺灣科技大學日前發表了聯合聲明，「不排除」在日後進行合併。政大校方雖說，合作案不是為了教育部補助，但從該聲明中強調將持續「發展人文社會科學特色及創新科技大學」，幾與教育部後頂大計畫的用語如出一轍，而台科大校方也說不排除年底與政大以一校名義申請後頂大計畫，明眼人都知道這個合作案，是為爭取教育部經費而來。這兩校雖然性質殊異，但有一點卻是殊無二致：兩校都怕被排除在分錢最多的「國際一流」大學之外。

本來，併校並無絕對好或絕對壞，要看為何併，怎麼併。但我們以台科大為例，十年前與台師大談合併失敗，上個月才與台大、台師大合組「國立臺灣大學系統」，如今卻又考慮要與素無淵源的政大聯姻，試問，台科大究竟想成為什麼樣的大學？而且我們別忘了，現在大家基本上都同意，過去十多年失敗的技職教育政策，讓技職體系的老師也忙著搞論文，幾乎扼殺了臺灣技職教育的生機與活力，而不久前教育部才高喊復興技職教育是臺灣高教發展的重點之一，試問，這種合併案對臺灣的教職教育又有何助益？

這十多年來，教育部都將競爭性預算的補助，當成控制臺灣大學走向的工具。當打造「國際一流大學」是補助的重點，所有的大學都忙著生產論文，以便成為官方定義下的「國際一流」大學。這種單向度與工具性的禍害在這幾年間逐一顯現：臺灣的產業競爭力下滑、訓練出來的學生學用落差擴大、大學成為一個與臺灣現實發展疏離又異化的組織。

於今教育部表面上看來改弦易轍，說要發展「校校有特色」的大學體制，但是政策還沒真的上路，我們就已經看到，各個大學都在忙著「創造」與「發明」各種特色，以免在未來的預算大餅分配中，被摒除在外。

原本大學願意多去思索一點自己的定位與特色並不是壞事，但真正的特色，必然是奠基於學校自身的歷史文化與資源基礎，但現今臺灣的大學以爭取計畫為目的的特色「發明」，卻是短視又急就章的紙上談兵，可左也可右，可合併也可聯盟，可國際一流也可恢復技職榮光，數十年歷史的學校也可因一個計畫案消失無蹤，唯一沒有的，就是教育的百年大業思考。我們的教育部若不能理解真正有特色的大學，以及往上交代、為計畫而創造的特色之間的差別，那麼計畫名稱是叫國際頂尖或是校校有特色並無差別，臺灣高教的噩夢不會終結，只會歷史重演。

真正的大學特色，必然是由下而上，依照大學自身的條件長出來的。至於那些帳面上看來有憑有據的計畫案競爭，也不過是徒然又虛耗大學人力的表演罷了。不管計畫案叫什麼、用什麼標準衡量，台清交成大等傳統名校都將囊括預算最肥美豐厚的那一塊（否則必然有嚴重的「政治」問題），既是如此，又何必多此一舉呢？

教育部要救臺灣的大學其實一點也不難：讓競爭性預算回歸到常態性預算，請相信教育工作者有這樣的熱情與真心，沒有計畫的管控，也會以大學的長遠發展與學生前途為念

比英文更重要的事

最近有個巧合，在不同的場合，都有朋友提到，某某人的小孩花了大錢送去美國讀大學，照理說英文應該很好，回臺灣以後在職場上卻表現普普，這是怎麼一回事？

這種疑問，當然不免有樣本上的偏差，大學就留學英語系國家，後來發展相當不錯的，自然應該也是不少。真正引起我好奇心的，其實是這種提出問題的方式——似乎在很多人心目中，英文好不好，跟職場競爭力是可以直接畫上等號的。

這種想法之所以如此普及，應該跟我們的社會與媒體動輒宣揚「英文＝國際競爭力」的理念有關。因為篇幅的限制，我們也就先不討論這個假設成不成立，我要說的是，就算英文跟所謂的國際競爭力有再密切的關係，英文好不好跟多數人在職場上表現優不優異的關係也是非常薄弱的。

我們當然不需否認，某些類型的工作，非常仰賴外語語言能力，像是翻／口譯、國外貿易、國外導遊、書籍的版權代理等等。但是九成以上的工作，要不是根本用不上英文，就是那為數有限用英文的時刻，對於工作者的工作表現根本影響不大。

以我自己的工作經驗為例，我在媒體跟大學各工作約十年，照理說，這兩個領域應該都是需要高度仰賴英文的行業，但我仔細回想，在這二十年間，我真正用到口說英文的次數，應該不到十次。而這些為數有限的「講英文」，似乎也沒有任何一次對我的職場生涯發展有任何關鍵性的影響力。

英文閱讀能力可能還重要一些，畢竟很多最新的資訊與知識，還是要透過外文才能取得。但是依我幾年來的教書經驗，很多學生自認英文不夠好，所以看不懂某些英文的材料，這往往也只有部分是真實的。在很多情況下，同樣的材料我若將其翻譯為中文，原本自認為看不懂的學生可能還是看不懂。這也就是說，很多我們自以為是語言問題的情境，實則為文化或知識問題，真正要被加強的，是文化與知識的深度與廣度，而不光是英文。

我這麼說，並不是要強調英文不重要，英文還是很重要的。但是只會英文不會其他，不要說沒有國際競爭力，是連本土競爭力都沒有。現在不比三、四十年前，懂英文的人很多，光靠講得一口好英文，不足以讓工作者一路順遂到退休。

還有比英文更重要的事。比方說，中文表達能力就比英文更重要，只是說來一點也不炫目、不sexy，爸媽很難在親友面前吹牛，履歷表上似乎也不是傲人的項目。中文為何很重要？因為你光要讓人家知道你做了什麼很偉大的事情，就已很不簡單，而你不能有效說出來的事，往往就等於沒發生過。

簡單來說，講得一口好英文，可能會讓有些人自我感覺良好，讓人有擁有國際競爭力的飄飄然，讓爸媽在親友面前有面子，但也差不多也就是這樣了。想要在職場混得好，有比英文更重要的事。

兩岸關係多元，有時候

臺灣正名臺灣且加入聯合國，最快速而有效的方式是……

里約奧運剛結束，臺灣與難民代表隊做為唯二不以自身國名出賽的團隊，再度刺傷了很多國人的心。

奧運賽後，以臺灣名義參加奧運、加入聯合國的呼聲再起，民間團體遠赴美國宣揚臺灣入聯，大學生則在棒球場上高舉「臺灣就是臺灣」的標語，表達他們內心的憤怒。

以臺灣名義打奧運、參與聯合國這類的呼聲，在臺灣會持反對意見的人應該不多，冷眼旁觀者的看法主要會是：逃不過中共的無情打壓，講了也是白講。特別是中國做為聯合國的常任理事國擁有否決權，臺灣加入聯合國根本沒有可能性。

這種冷眼旁觀自然也是不無道理——但這是在正常情況下。臺灣的國際地位本來就頗不尋常（不然怎會落得與難民隊同列），不尋常的狀況本來就該有不同的思維與作法，才有機會化不可能為可能。

如果我們要尋求「加入」聯合國幾乎不可能，我們為何不能以「合併」或是「借殼上市」的方式加入聯合國或是參加奧運？

來找個「借殼上市」的盟友吧！

像是臺灣長期的友邦吐瓦魯（Tuvalu），人口雖僅一萬二千人左右，經濟活動也相當有限，卻是不折不扣的聯合國會員國。更重要的是，吐瓦魯政治立場長期反共，對臺灣也相當友好，臺灣八八風災時，甚至還捐助臺灣相當於該國GDP1%的二十一萬美元賑災。

我們若能與吐瓦魯合併，組成「臺灣暨吐瓦魯共和國」，自動也就參與了聯合國，而吐瓦魯若願意與臺灣合併，自然也不須徵得中國同意，也就沒有所謂的中國動用否決權的問題。吐瓦魯若願意平等接納臺灣這個「亞細亞的孤兒」，我們也可以竭盡全力協助吐瓦魯解決淹水、農業發展等問題，達到雙贏的局面。

吐瓦魯全國海拔最高處也僅四米，是全球最受地球暖化海平面上升威脅的國家之一，他日若不幸滅頂，臺灣也能成為吐瓦魯人避居之所。此外，吐瓦魯主要族群為玻里尼西亞族（Polinesians），與臺灣原住民同屬南島民族，若依照紐西蘭奧克蘭大學的一項研究，玻里尼西亞人的祖先根本就來自臺灣，與臺灣原住民系出同門，若與臺灣結為一家親，實則也不過是返鄉。而即便在網路時代，吐瓦魯的網域國碼為「.tv」，臺灣則為「.tw」，這種驚人的相似性，又豈只是一種巧合？

跨境結合，有什麼不可以？

有人或許會認為，這只是KUSO的無稽之談，但如果我們放大地理視野與歷史縱深來看，國家的分分合合實為常態，前蘇聯與東歐諸國就裂解出很多人叫不出名字的國家，數千公里外的夏威夷同樣也成為美國的一州，舊日大英帝國甚至還橫跨三大洲五大洋，臺灣若與南太平洋的島國合併，其實也還算不上是個奇觀。

就如同借殼上市，雖不是股市掛牌的正規方式，但對於有業績、有基本面的企業來說，未嘗不是快速而有效在資本市場佔有一席之地的方法。吐瓦魯人當然未必會接納臺灣的合併邀約，此中技術面的難度也很高，但跟直接以臺灣名義申請加入聯合國相比，我相信前者成功的機率會高很多。

臺灣要走出困局，需要新的思維，不同以往的做法。

中國讓利台商搞統戰，臺灣應該多收陸生保障臺灣的獨立、民主與自由

臺灣的國家政策向來缺少總體戰略，東一塊西一塊的，招收陸生政策也是，最近吵得很凶的陸生納入健保與否的問題更是如此。

一九九〇年代我在英國留學時，基本上外國學生都可以納入健保（今天應該也是如此），但這背後有個前提也不能忽略：外國學生繳的學費，可是本國學生的兩倍以上，依現今英國的本外籍生學費差額來看，這個數字在三十萬台幣以上，如果依我當年的健康狀況（一次也沒看過醫生），英國國庫自然是賺很大。

如果我們是像英國一樣，把教育當成一個「產業」來看，那我們就別小鼻子小眼睛，只盯著健保這種小錢或是蠅頭小利瞧，而是要看陸生來台，對臺灣的總體經濟收益與效益究竟如何。

依衛福部的統計，民國一百年，臺灣每人每年的健保支出為三萬九千二百四十七元，若我們假設陸生跟臺灣的健康狀況差不多，這個數字可以做為陸生若納保的成本參考。但出國留學的學生多數是二十歲上下的年輕人，會用到醫療資源的機會應該低上許多。而且別忘了，健保有自費額（政府補貼約四成），兩個因素一併考量，按我不那麼嚴謹的估計，每位

陸生若納健保的國庫負擔應在台幣一萬五千元以下。

因此，我們真正應該思考的是，由納稅人的錢來出這一年一萬五千元，讓臺灣的私立大學收取每年約十萬上下的學費（這是臺灣與英國另一很大不同之處，英國九成以上的大學都是國立的），加上陸生來台求學期間的生活消費，究竟是不是個划算的「國家促進產業」投資？

要回答這問題，我們得先自問，我們究竟是不是將教育當成一個產業來對待，但臺灣對這問題的答案，經常是搖擺不定的。我們既不像多數歐陸國家那樣，將大學受教權視為國民基本人權，也不像英美的大學一樣一切將本求利，而是一種卡在中間的教育體制。

目前臺灣的國立大學大學部並未開放陸生入學，原因是國立大學學費便宜，臺灣人入學機會的競爭仍屬僧多粥少的狀態，納稅人拿錢補貼陸生來台唸書恐怕會引起更大的爭議。

但國立大學如果以「產業化」來思考，陸生納保問題反而比私校單純。以我任教的學校為例，每個學生每年的教育成本支出約達二十五萬元台幣，但學生每年繳交的學費只在七萬元台幣之譜，若我們針對陸生或外籍生也收取同樣的學費，那自然是年年賠本做生意，談不上是個產業。

要當成產業來經營，那就得將本求利，本國生與外籍生（包括陸生）的學費分軌（這在國際上並非特例），每年至少收外籍生或陸生二十五萬元以上的學費。這對國立大學的營運不無小補，現在政府的教育預算越來越緊縮，這筆錢若能用來充實學校的設備與師資，對本國學生也有助益。而我們的國家若收了人家二、三十萬的學費，花個一萬五千元在外籍生或陸生健保上，至少也是個加強臺灣留學吸引力的「必要投資」。

至於臺灣的私立大學陸生，政府若要解決臺灣私校的招生問題，那就看政府願不願意將這樣的支出，視為對私校的部分補貼，但也可以要求私校拿出部分的學費收入，補貼陸生的健保支出。

以上談的是，若我們將大學教育視為一種產業，我們應該怎麼做——本國生與外籍生（含陸生）的學費應該分開來思考，再來看提供健保這樣的「附加價值」，是不是個有吸引力的「產品組合」。

話雖如此，但我並不認為我們應該如此純經濟面地考量陸生問題。在我看來，我們應該適度地對陸生「讓利」，甚至讓他們有優於一般外籍生的就學條件也無妨，因為這對臺灣的前途與未來有利。中國都可以讓利台商「促統」，為何我們就小氣到不肯花點小錢進行戰略投資？

有留過學的人應該都不難理解，留學是潛移默化接收留學地價值觀最有效而深入的方式。留學英國，你免不了就會對世界杯足球賽的英國隊多了幾分親切感，雖然理性上你也知道跟著英國人連年失望有點莫名其妙；留學日本，你肯定吃得下黏乎乎的納豆的機率，就要比一般人來得高一些。既便學成返國，你舊地重遊、繼續使用你早已習慣的產品的機會還是不低，這都是廣納留學生的長期收益。

臺灣人應該要有自信，陸生留學臺灣，他們終究會相信臺灣的自由、民主與開放，要比中國現行的政治體制好很多。我個人是不太相信，來台留學的陸生，回國後還會相信臺灣跟中國統一會比較好，或是中國武力威脅臺灣有其正當性。花點健保的小錢讓陸生願意來臺灣唸書，或許會讓陸生來台的經濟效益少一些，但在保障臺灣的獨立、民主與自由的效果上，我相信要比花上幾百億買阿帕契直昇機卻沒幾年就三分之二不能飛要好很多。

我們若能有七成的產業思維，加上三成的政治作戰思考，我相信會是臺灣招收陸生與否的最佳政策戰略思考。

歷史站在臺灣這一邊
——給站在懸崖邊上的臺灣人

馬習會，實質效益不知，但在臺灣人的心理層面，過去認為或許還將很久的事，突然近了。

中國崛起，臺灣有人歡欣，有人憂心。歡欣的是，中國人站起來了（俗稱的統派觀點），或是中國商機無限，臺灣人要不是同感民族的榮耀，就是經濟的果實可以雨露均霑；憂心的則是，政治與經濟面，臺灣都漸趨劣勢，要抵擋中國的節節進逼，維持臺灣的自由與主權，越來越困難。

不管是歡欣鼓舞或憂心忡忡，儘管在意識型態上差異頗大，倒是有一點相去不遠：臺灣人都對臺灣的未來，沒什麼信心。要不是覺得不靠「中華民族」這塊大招牌，就不足以在世界立足，就是認為中台政治軍事經濟上強弱分明，臺灣終究只能走向被統一一途。

這種對信心淪喪的有志一同，源自臺灣人向來篤信「趨勢難違」。臺灣其實未必真小（人口排名世界第五十三名，還贏世界四分之三以上的國家），但主觀上我們認為自己很小，我們不相信自己是可以開創新局，引領潮流的國家。我們深信，只有亦步亦趨地跟隨趨勢與潮流，才是安全的，才有活路可走。而中國的崛起（及延伸而來的對台併吞企圖），不正是最大最猛、沛然莫之能禦的一股趨勢嗎？

但對一向「看得很短」的臺灣人來說，所謂的趨勢，可能還比較接近是「當下」正在發生的事，而不是「未來」的可能發展。中國正在崛起，是殆無疑問正在發生中的事，但這樣的中國及其做為能否延續，足堪稱之為趨勢，這可就未必如此。

在我看來，如果我們真心相信趨勢之不可逆，那我們就不該對臺灣的前途與未來太過悲觀，因為，歷史與趨勢，是站在臺灣這一邊的。

整個人類的歷史，不管是兩、三千年還是五千年都行，難道我們不相信，雖有逆境與崎嶇，但人類對自由與開放的想望，終究會驅策歷史朝著這個方向邁進？如果真是如此，為何我們就要假設，中國可以自外於人的意圖所決定的歷史走向，而會是個永遠的集權國家？

如果我們真相信「趨勢專家」大前研一所說的「民族國家之終結」，全球化所導致的世界單一市場，將使國家的力量越來越式微（我們不也忙著簽各種自由貿易協定嗎？），果真如此，那大國的市場規模經濟利基，從經濟演化的角度觀之，又有何整併小國的獨特優勢？

網路崛起，不是有那麼多人相信，網路的草根民主，終將顛覆行之百年的傳統代議民主政治。如果我們相信網路可以解構藍綠，讓柯P當選，為何網路就不可能一步步消解中共這個傳統到近乎復古的威權體制？

如果我們相信日裔美籍政治哲學家福山（Francis Fukuyama）的說法，歷史終結之後的

「最後一人」，將僅剩以消費定位與差異化來認定自己是哪種人的消費者，為何獨獨我們就要認定，中國消費者對小米機的偏好必能維持十年以上？

全世界的家庭都在走向多元，個人的身分認同如原子般裂解，只剩這個有愧於「共產」招牌，理應將人的解放視為第一要務的中國，還在堅持家庭與國家都要一元，這又怎會是個未來的趨勢？

如果以上這些趨勢我們全都不信，那我們實則也不是真正的趨勢跟隨者，最多最多，也只是個現實主義者。

我們不知道中國還要多久才會「順應」這世界的趨勢，也許很快（在一九九〇年，又有誰知道隔年蘇聯即將解體？當年的蘇聯表面上看起來，可是要比現在的中國強大許多），也許還要很久，但對臺灣最好的選擇，應該就是以拖待變，等待中國改變的那一天。

站在懸崖邊上的臺灣人，我們究竟是看見腳下的驚險，還是眼前的海闊天空？

是誰偷走你每個月薪水袋裡的一萬五？

臺灣人的薪水、長達十六、七年的時間停滯不前，原本在我們後頭的韓國人，早已超過了我們，這是很多人都已經知道的事。至於原因呢？經濟成長趨緩，政治人物執政不力，是很多人視為理所當然的答案。

這些可能都是事實，但有時，事實也有可能掩蓋另外一些事實。比方說，韓國超越了我們多少？二〇一四年，臺灣的人均GDP為二萬二千五百九十七美元，韓國則是二萬八千一百美元，臺灣的人均GDP，約為韓國的八成。再看另外一項數字——受薪者的平均月收入，各項統計雖略有落差，但也相去不遠，臺灣人的平均月實質收入約在四萬五千元之譜，韓國則在七萬五千元台幣的水平，臺灣工作者的月收入約為韓國上班族的六成。

這也就是說，落後與停滯固然已是事實，怎麼個落後法也是大有文章——如果臺灣的薪資水平落後韓國的程度，跟我們的人均GDP落後程度是差不多的，這表示臺灣的平均薪資至少也應該有六萬的水平（韓國人的八成），比目前高上一萬五千台幣左右。

再從自己跟自己比來看，雖說成長趨緩，但趨緩仍是一種成長，臺灣的人均GDP，還是從一九九九年的一萬三千八百一十九美元，成長到去年的二萬二千五百九十七美元，漲幅百分之六十三點五。但在同一時期，平均薪資只從四萬三千零三十七元，上升到四萬七千三百元，漲幅僅百分之八點六。這也就是說，如果我們的平均薪資漲幅能跟人均GDP同步，理論上來說，臺灣人的平均薪資可達七萬零三百六十五元，比現有平均薪資高上二萬七千元以上。

馬總統的六三三政策，幾乎已確定成為泡影，但我們若對比來看，三萬美元的人均GDP，距離去年的二萬二千五百九十七美元，也不過七千多美元之譜，如果過去十五年間我們的人均GDP增加了八千多美元，平均薪資卻只提高了四千多塊台幣，這樣的三萬美元目標，又有什麼值得追求的？

前副總統蕭萬長說，我們應該先追求成長，再來談分配與公平正義的問題，但眼下的事實卻是：如果當前趨勢不變，即便三萬美元的國民所得會在未來的某一天成真，臺灣的受薪者約莫也只能有五萬月薪的期望值，但若我們的分配正義能有韓國的水準（請注意，這可不是什麼北歐社會主義綺想），當下月薪期望值就可達六至七萬元之譜。試問，為何成長是比分配正義更重要的問題？

中研院經濟所的林常青、張俊仁研究員與清大經濟系盧姝璇教授的研究便發現，臺灣的勞動與資本所得分配（生產出一項產品，出錢跟出勞動力的人各分到多少利益的意思），勞動所得所分配到的比例的確在下降當中，而且降幅是亞洲四小龍之最。

那麼，為何臺灣的勞動所得佔比節節下滑呢？可能的原因非常複雜，但基本上可以分為兩大類：一是，勞動力在生產要素的重要性與貢獻度與日遞減，市場演化的結果，自然在所得分配中的份額越佔越低。如果是這種情況，或許我們可以說臺灣的勞動者是「咎由自取」；其二則是，全球分工體系、政策與企業的發展，讓勞動者在與資方協商談判薪資的過程中，處於結構性的弱勢地位（比方說，在自由化政策之下，資本總是比勞動力更具有可移動性，跑不了的人，很難有什麼談判或威脅的空間）。

去年勞動部委託台大國發所教授辛炳隆所做的研究，則是讓前者的可能性大為降低，辛炳隆的研究指出，臺灣的勞動生產力指數近二十年來都呈穩定上升的趨勢，從四十一上升到九十九，但勞工報酬分配比率卻是逆向從百分之五十三下滑到民國一〇一年百分之四十七點五九，遠低於日本百分之六十點六、韓國百分之七十一點八，美國百分之六十三點七、以及德國的六十八點五。

如果問題的答案，更接近前述的後者，那麼，我們應該做些什麼事？這一點我們還很難有個清楚的答案，但是現階段，我們至少應該認清以下三點：

1、別再相信什麼「臺灣人越來越仇富」的說法了——臺灣根本對有錢人相當好，比多數國家還要好；

2、別再相信「把餅做大，所有人都有好處」的說法了——餅越大，你分到的越少的事實，不是擺在眼前了嘛？

3、別再輕信「打破制度與既有秩序，經濟就會受到影響，所有人都將受害」的說法了

——如果臺灣的勞動生產力沒有問題，不就是這套制度與秩序，鞏固了這樣不公不義的經濟分配結構？

乳酪不夠吃，有可能是乳酪收成不好，但也有可能是有人偷走你的乳酪。我們都很清楚前者，卻往往忽略了後者。

中國奶酪不是臺灣乳酪

有讀者回應〈是誰偷走你每個月薪水袋裡的一萬五〉一文，我在此簡要回應，畢竟這是臺灣很關鍵的議題，多點討論總是好事。

我本身並不是總體經濟專家，引用的數字，都是經濟學家研究的成果。臺灣為何GDP成長但薪資不漲，我並沒有答案，我相信我在前文中也並沒有武斷地提供解答，我只是邀請大家一起來想一想，這樣的經濟成長模式，是我們想要的嗎？我們要依循這樣的模式，再發展下去嗎？

讀者來函〈沒有人偷走你薪水袋裡的錢〉倒是提供了一個解釋：臺灣接單，海外生產，但海外薪資並未納入GDP計算，才是薪資報酬所佔比例不斷降低的主因。

但該文作者的悉心計算，仍舊無法說服我。主要原因有二：

1、製造業外流，「本國接單，海外生產」幾乎是所有先進國家的共同命運，美國歷經這樣的全球分工模式，至少早了臺灣二、三十年的時間，但美國的勞動薪資分配比重仍達百分之六十三點七，日本則為百分之六十點六，德國百分之六十八點五，韓國更達百分之七十一點八，難道這些國家都沒有產業外移的問題？如果這些國家真能做到在產業外移的前提下，做到如此之高的勞動薪資分配，或許我們也可以求教於該文作者或其他先進，他們究竟是如何做到的，以做為臺灣往後產業發展之參考。

2、該文的公式，把所有台商可能雇用的人數，通通納入臺灣接單、中國生產的模式之中。但我們用常識不難判斷，台商只是個籠統的說法，有些登記為中國或境外企業，中國接單也中國生產，應與臺灣的GDP計算方式沒有太大的關係。另外一個矛盾的現象是，如果讀者所言為真，理論上中國的勞動薪資比重應該大幅提升才對（不會只有台商採行這模式），但在中研院經濟所的林常青、張俊仁研究員與清大經濟系盧姝璇教授的研究中，中國勞動薪資佔比的降幅甚至還高過臺灣。

〈沒有人偷走你薪水袋裡的錢〉一文最令人不解之處在於，作者把中國勞動薪資所得，「還原」回臺灣的薪資勞動佔比，據此說明勞動薪資佔比並未降低，沒人偷走臺灣人薪水袋裡的錢。一個簡單的事實是：中國勞工並非臺灣勞工，這兩個數字要如何相加？但我並沒有要簡化問題為，中國勞工偷走臺灣勞工的工作，或是資本家更惡劣地剝削了臺灣勞工，而是如我前面所述，我們應該回頭檢視，過去我們相信的經濟發展模式，是不是出了什麼問題？

該文作者認為，逐水草而居的經營模式讓國內的直接投資下降到冰點，產業轉型又不成功，是多數人薪資無法增長的主要原因，這一點我也相當同意。但臺灣之所以會落入今日處境，不就是長期以來政策只講自由不談創新，鼓勵西進不求上進的結果？但該文所提供的解方，卻是一方面說臺灣要提高薪資水準，「必須透過紮實的產學合作，提升國際行銷能力，才能創造本土的創新投資機會，才是國家未來永續生存之道」，同時卻又說韓國的勞動薪資佔比較高，是因為韓國的工會強大之故。這豈不是又回到，臺灣應該持續「自由化」的意識型態，一切靠自己，其他社會體制的作為與我們無干的老路上？

是誰讓馬雲講話那麼大聲？

中國網站阿里巴巴的創辦人馬雲的語錄，長期以來都是網路上廣為流傳的熱銷商品。你要問我，我也同意馬雲的諸多經典佳句，頗有那麼一點慧黠，那麼一點不帶痛的刺，讓被刺到的人自覺總還有振作起來的希望。

但馬雲語錄也很危險。

馬雲談話的內容，很多可以納入西方「成功學」的範疇，大體上都是在說，身為一個個體，你只要肯改變自己、轉換思想，那麼成功也就將離你不遠了。而馬雲的躍居華人首富，正也是為這套成功之路做了最好的背書。

中國執政當局自是熱愛馬雲語錄，它讓中國人見證了「只要你肯努力，任何夢想都有可能實現」的美國夢，在中國也是有可能出現的（馬雲原本為杭州電子工學院英文教師）。馬雲語錄把個人成敗歸因於個人特質，等於也就是在向世人宣告：中國「獨特」的政經體制，無礙於個人事業的發展，你的成功，是你的努力與才華，你的失敗，就只是個人的失敗。這樣的宣告，對於民主改革頗多遲疑的中國執政者，怎會不鼓掌歡迎呢？

馬雲來臺灣，則是高調批評臺灣都是六、七十歲的人在談創新，沒希望，他要幫臺灣的年輕人創業。馬雲會說這樣的話，自是自詡自己或阿里巴巴相當創新，而表面上看來，馬雲的自信似乎也有憑有據，美國的Fast Company雜誌，才剛評選阿里巴巴為全球最具創造力五十大企業的第三名，排名甚至還超越第四名的Google。

但一個最簡單的問題卻是，阿里巴巴到底創新在哪呢？恐怕就沒幾個人說得上來了。關於阿里巴巴，我們看到很多的「大」——美國IPO市值一度衝上二千三百一十四億美元，成為美國市值第四高的科技公司，旗下淘寶光棍節則是在一天之內創下了五百七十一億人民幣的營業額。這些數字都很驚人，但是大不等於創新。阿里巴巴很大，因為它命好位處中國，又善用了它在中國的「特權」。至於阿里巴巴的營運模式，主要承襲美國的eBay、Amazon和paypal等企業。創新以模仿作為開始，原也不是太大問題，但是迄今，我們也並未看見它在美國人創造出來的基礎之上，在創新面有讓人耳目一新的突破。

馬雲看似無所禁忌，無所不談，但是他卻絕口不提，中國對網路的管制、以及對外資電子商務企業的限制，對於阿里巴巴在中國快速崛起壯大的關鍵性作用。但是有點常識的人應該都知道，這如果不是最重要的因素，至少也是最重要的因素之一，而一家號稱是全球創造力前三名的企業，卻對開放市場、自由競爭絕口不提，這不是相當諷刺嗎？

臺灣的媒體與鄉民，則是承襲了過往一貫的首富崇拜症、覺得生意做得大的講話就可以很大聲，不太管生意跟財富究竟是怎麼來的，輕信了馬雲的成功學，認為他也能教訓臺灣人應該怎麼創新。

我們當然也不需要因為阿里巴巴與馬雲出身中國，就覺得他們的成就不值一提。馬雲和他創辦的公司，得以在和中國的其他企業競爭中脫穎而出，必有其過人之處。但阿里巴巴迄今為止被證明的能耐也僅止於此，而且這種能耐還包括了，阿里巴巴是集權政府統治下的受益者。美國《紐約時報》就曾報導，阿里巴巴背後有中共太子黨的投資，而馬雲也不忘投桃報李，在接受媒體採訪時說，中共對六四的鎮壓是正確的決定。

阿里巴巴在中國有它獨特的本事，但離創新的典範，實在相差太遠。是誰讓馬雲在臺灣講話那麼大聲？是集權的中國政府，跟沒志氣又沒什麼腦袋的臺灣媒體與網路鄉民們。

紫光與地心引力

在產業分析裡有一種概念，接近演化論的觀點，大意是說，每一種產業因為產業屬性不同，會有各自不同的產業分工型態，有的高度垂直整合（也就是從上游到下游都由同一家公司包辦），有的極度水平分工（也就是價值鏈的每個環節切成一小塊一小塊，分別由不同的企業來負責）。沒有那一種型態是絕對的好，或是同一種產業分工型態適用於所有產業，偶爾可能也有創意型的公司試圖打破產業的行規獲得成功，但從長期的眼光來看，最適合於特定產業特性的產業分工樣貌，將會因其效率較佳，終將淘汰其他類型的產業分布樣貌。比方說，家電業就是個垂直整合程度高於資訊業的產業，零組件外包的比率相對較低，自營通路的比例則高於資訊產業。

資訊產業可能是地球上水平分工最細密的產業之一，一臺電腦需要的零組件數百個，通常就是由數百家廠商來提供，一家廠商專長兩種零組件以上的，已屬相當罕見。會造成這種現象的原因不只一端，可能包括標準化程度高（所以容易外包生產）、技術變動快速（公司小或專精於一項產品，會回應變化較快速）、產業的規模經濟很顯著（所以投資擴產要比進入價值鏈的上下游區塊有利可圖）等等因素。

從結果來看，你幾乎找不到一家在這個行業包山包海的公司，即使從國家別的角度來看，也沒有那個國家在這個產業稱得上是「供應鏈完整」。美國在這個產業的實力最強大，但美國公司沒生產的電腦零組件多得是，倒也沒聽過美國政府感到憂慮，或這是件值得政府出面補強的事。相對來說，韓國的資訊電子業可能上下游還完整些，但他們也缺很多零組件要從臺灣進口，臺灣一直沒發展起來的CPU與作業系統，他們一樣也沒有。

讓我們再來看中國清華紫光近來的大規模併購動作。花了三十八億美元，成為硬碟製造商WD的最大股東；先後想買記憶體製造的美國美光與韓國SK海力士，都沒買成；在臺灣則是想買半導體封裝的矽品、力成與南茂，以及投資IC設計的聯發科。除了錢多又倉促，他們菜籃裡的菜也很混雜。

檯面上的說法，是中國展現了強大的建立完整紅色供應鏈的企圖心，但如同我在前面詳加說明的，由一家企業來建立一國之「完整產業供應鏈」，根本不符資訊科技產業演化的發展邏輯（如果他們只是資本投資，那又另當別論。但如果是將本求利的投資行為，他們到處高價搶親，也顯得相當奇怪。財務面慢慢評估，對價格斤斤計較，不是更合理一些？）。接近中國廣大的市場，中國就可以也應該建立起完整供應鏈的說法也相當沒有說服力：要是地理區位的接近性這麼重要，當年的資訊科技產業供應鏈，又是怎麼遠離美國這個最大市場，跑到臺灣來的？

不管贊成或反對陸資入股臺灣科技業者，我們都被太多政治語言蒙蔽了基本的產業思考。因為中國的政經體制特殊，我們經常也跟著把中國的做為神祕化或是汙名化，要不是覺得他們必然擁有什麼獨門絕技，就是認為他們圖謀不軌要耍什麼暗招。

在我看來，第一步我們應該先回到基本，看看紫光這種違反產業演化定律的作法，真有可能在市場的競爭淘汰下得到成功嗎？嗯，這就有點像，紫光想參加奧運跳高比賽，宣稱他們可以不受地心引力影響，跳起後就不會落下來了，你相信嗎？

供應鏈的顏色

中國的清華紫光集團近年來展現了強烈的發展企圖心，企圖併購美國美光未果之後，宣布入股臺灣半導體封測大廠力成百分之二十五，更放話要併購臺灣ＩＣ設計業龍頭聯發科，在臺灣引起廣泛的討論，甚至是恐慌。

企業間的整併，本來是可以「中性」對待的一件事。如為一般的市場行為，那麼陸資來臺灣買公司，其實也就跟其他的外資投資臺灣並無太大的差別，未必不是一件好事。但事涉中國，問題往往沒有這麼單純，把這樣的投資視為純粹的市場行為，則也未免太過天真。

清華紫光集團經常被簡稱為紫光集團，但事實上「清華」二字正明確指出該公司是不折不扣的校辦國營企業，絕非一般的民間公司。此外，紫光併美光一案，已被美國政府以「國安疑慮」為由擋下，說明了既便是最常高舉市場大旗的美國，也認為紫光在此一產業的攻城掠地內情「並不單純」。還有更重要的一點是，美光屬ＤＲＡＭ製造業、力成是半導體封測業者，聯發科則屬ＩＣ設計領域，既使我們單從企業發展策略的角度來看，紫光的做為也缺乏正常的「經濟理性」推論——這三者既無衝產能的規模經濟，也沒有求綜效的範疇經濟，究竟是所為何來？

雖是如此，我們若只是忙著防堵紅色供應鏈的進擊，臺灣產業的前景依舊是堪慮的——

不是紅色，也有可能是其他顏色的供應鏈，會企圖要取代臺灣廠商的地位。從產業生態演進的邏輯來看，臺灣科技產業茂盛興旺了二、三十年的時間，靠的是較低的成本、較高的效率，取代了歐美日日益沒有技術與資本門檻的產業。只要國民所得越高、對工作期待條件越高，在地球上，這個產業替換淘汰的動態就不會有終止的一天（除非世界再無新興國家了）。既便是中國大陸的廠商，也無法扭轉相同的命運，中國越崛起，等著螳螂捕蟬的黃色、白色供應鏈一樣在後頭虎視眈眈等著要取代他們。

今天臺灣最大的問題是，產業過度集中於資訊電子業，新興產業卻又遲遲未能出現，而不是哪些國家的哪些業者又對臺灣的廠商造成了威脅，我們該問的反而是：我們為何很久不再為別人造成威脅？這樣的困境之所以出現的原因自然不只一端，全球政經結構、臺灣的創新能力、民族性格等等都是因素，但我們的政府與社會的目光與資源，老是過度投注在既有的產業，同樣也扮演了非常關鍵的角色。我們太輕易就被說服——「臺灣沒有這個產業不行」，既便這個產業累積虧損數千億、在國際市場毫無競爭力也是如此。

因此，對於紅色企業的節節進逼，我的看法是，我們應該採取「適度抵抗」策略——對於人家是來玩政治、玩國家戰略的，我們別裝傻裝天真說那交給市場決定，對於合併有利臺灣業者與總體經濟的、不賣也沒剩多少附加價值的，我們也不需要動輒見紅就反，拿民族主義來掩蓋利益輸送業者的無能與怠惰的事實。

紫光併美光，臺灣不會死光光

近日媒體報導，中國清華紫光集團出價二百三十億美元，希望能併購美國DRAM大廠美光（Micron）。

此事還未成真，但已引起臺灣的高度重視（或緊張），因為臺灣的DRAM業者技術自主性低，包括華亞科、南亞科及力晶等業者的技術授權來源均為美光，許多半導體業者認為，此案若成真，將對臺灣的產業造成巨大衝擊。

任何產業的變動，對個別企業的衝擊自是難免，但此案若成真，對臺灣的產業發展而言，應是利大於弊。近幾年來已不斷有研究與報導指出，臺灣發展DRAM產業累積虧損達數千億臺幣，換句話說，這個產業在政府的大量補貼、租稅優惠等條件之下，依舊沒有為臺灣賺進半毛錢，試問，這樣的產業就算從臺灣消失了，又有何值得惋惜、留戀之處（我們常常忽略了，半導體產業實則也是個對環境汙染影響重大的產業）？

前一波DRAM產業的價格崩跌，引發臺灣業者的財務危機，一些產業的圈內人也跳出來說，臺灣不能沒有DRAM產業，不然一旦韓國人全面掌控了DRAM產業，就等於掐住了臺灣的咽喉，臺灣的科技產業就將斷鏈，後果不堪設想。

這種說法拿來騙騙政府的錢還可以（或是跟政府聯手，騙騙人民的錢），但根本經不起現實的檢驗。臺灣的科技產業，何曾完整地從上游到下游不斷鏈呢？CPU與作業系統軟體這兩個「咽喉」，不是自始至終，都掌握在美國人手中嘛？這又何曾妨礙，臺灣在價值鏈的某些區塊，經營到獨步全球的境界？

另一個問題比較複雜，是跟就業與人才有關。有人或許會說，這個產業雖然不賺錢，但是畢竟也養活了許多從業人員，關係到許多家庭的生計。此話自然不假，但這恐怕也是臺灣最需要置死地而後生之處。

臺灣的半導體產業，吸納了臺灣那麼多受過良好教育的人才，若真能讓這個產業大放異彩、很有國際競爭力也罷，DRAM卻是經過一二十年的發展，依舊無法技術自主，對個人生命與國家人才資源來說，都是莫大的無謂消耗與浪費。今天臺灣產業最大的問題，不就是舊產業凋零、新產業遲遲長不出來嘛？某種程度上來說，把人才困在這些沒有前景的產業，不就是自己在加深這樣的困境？

因此，我們的國家與國人與其擔心這個產業又受到什麼重大衝擊，還不如把心思與精神，拿來關心與開拓新產業，引導人才到臺灣真正有未來前景的產業。至於紫光若真併美光，就讓中國業者去對抗韓國三星，說不定臺灣的業者還大有漁翁得利契機（流血成河，臺灣的廠商不就有低價的DRAM可用，競爭激烈，搞不好兩方都得來籠絡臺灣業者），也沒有什麼邏輯上的必然性可以證明，中國主導下的美光，就不會再授權臺灣廠商。

簡單來說，這震撼彈不管是否成真，對臺灣而言，都只是聲響很大而已，我們應該將其視為警鐘，提醒自己奮勇向前。

認人是看臉還是看面具？

喊著要賣已經很久的東森電視臺，最新傳出的消息是，明顯為「中資美籍」的DMG集團，由美國人Dan Mintz出面，宣布要以六億美元的代價，買下私募基金凱雷手中百分之六十一的東森股權。

DMG集團是否具有中國官方色彩，其實是一件不問可知之事。在中國，因涉及中共政權的維繫，媒體產業是中國管控最嚴格的產業之一，沒有中國官方背景或關係，不可能在中國經營媒體事業。

臺灣當下真正要思考的問題是：一個帳面上、檯面上一切合法、但眾人又皆知其來歷的「投資」，我們該如何處理與面對？

對一個正常的民主國家來說，以法治為基礎，理論上來說，帳面上合法就是合法，就像遷戶口越區就讀或是領取補助，戶籍在哪就是哪了，不可能再去追究有無實際居住的問題。

但事涉中國與兩岸關係，這個問題就比較複雜。DMG集團以人頭投資臺灣，若只為避稅這類常見的經濟因素，我們或許還能以一般的外國投資來看待。但具有解放軍背景的中國媒體集團，想的當然沒有這麼簡單。

中國過往的促統武力威脅，經常只是徒然引起臺灣人的反感。自從中國經濟崛起之後，銀彈充沛，他們發現找代理人，在臺灣搞起幽微的、連抗議都不知從何抗議起的由臺灣內部而來的宣傳戰，本小利多（甚至還有可能賺錢），而且還更有效，何樂而不為？

對臺灣的主管機關來說，現今面對的處境是，一個戴著面具前來，但從其身形與動作，我們卻又一眼即知來者何人，甚至其來意，我們究竟是該以其面具，還是他的真實身分來做判斷呢？

在我看來，從法律面，這問題是得不到答案的，因為這類投資案，從一開始就不是市場或法律問題，是個政治議題。政治議題就只能以政治方法來解決。

NCC真正應該評估的是，允許陸資投資臺灣媒體，對言論自由的影響為何。這樣的影響，不光是東森若被陸資買下，往後新聞與節目製作的走向，是否變得更限縮與傾中，也包括這樣的媒體集團，若不以市場為唯一或首要考量，是否反而會以非市場競爭手段，讓臺灣的其他媒體無法與其競爭？以及，其他的臺灣媒體，是否會為了也能得到高額的陸資收購金額，先行自我設限，討好未來潛在的陸資買主（比較近期宏達電董事長王雪紅以約臺幣四十七億元買下TVBS百分之五十三的股權，就知道東森這筆交易並不尋常——等於TVBS市值不及百億臺幣，DMG卻對東森估值超過三百億臺幣）。

我們應該要有的認識是，尊重市場機制並無不妥，但若有人假市場之名，行政治登陸之實，這就好比一場拳擊賽，明明對手都拿出手槍對準你了，你卻還堅持比賽規則，要用徒手和對方一決高下，這，真的也只能怪自己蠢了。

中國正在製造一場世界級的文化大革命

向來以高科技、高品質著稱的日本與德國產業界，最近各自發生了一件大事。

多年前原已有「默契」要由日本團隊興建的印尼雅加達——萬隆高鐵，印尼國有企業部部長於十月初宣布，中國的高鐵解決方案將勝出，日本新幹線經驗為主導的方案確定出局。至於得標原因，印尼國有企業部部長不諱言，技術並非唯一考量，中國方案不用印尼政府出任何一毛錢，甚至也無須提供融資擔保，其膽識之過人令人欽佩，才是中國方案勝出的真正關鍵。

在德國，則是向來品牌形象良好的福斯汽車，傳出車輛廢氣排放數據造假，恐將面臨美國政府數千億元臺幣罰款的事件。

日本新幹線高鐵系統穩定、安全舒適、技術領先全球等優勢，這些恐怕是連競爭對手中國都不會否認的事實。本來，高價高附加價值產品不敵俗又大碗的低價品競爭，這在市場上並不罕見，並不值得大書特書，但高鐵是一般所稱的「大型複雜系統」工程，進入門檻極高，其成敗優劣又牽涉人命安全問題，向來是技術領先國家寡頭壟斷的生意，而如今，國民所得一萬美元不到的國家也來攻城掠地了。

至於福斯汽車造假事件，按照汽車專家的說法，福斯只要願意在車上加裝一個約兩萬元臺幣的設備，就能有效控制廢氣排放量在標準之內，而福斯之所以沒有這樣做的唯一理由，是此舉將提高福斯汽車的售價，不利福斯在全球市場競爭。

這兩個看似不相關的事件，卻有個內在的幽微連結：過去我們總把「高價位高附加價值，是抵擋低價競爭的不二法門」視為不證自明的道理，但真實世界的發展卻告訴我們，這道理並沒有那麼顛撲不破。

這世界一向有低價競爭，但全球化與中國的崛起，讓低價競爭直接來到每個人的面前，過去你可以尋求利基，於今你無從迴避。中國挾著全球湧入的熱錢、自由經濟國家企業難敵的經營結構（他們的國營企業究竟是賺錢還賠錢在做生意，沒有人知道）、極權國家特有的政治戰略考量在全世界攻城掠地，打的是一場沒有底限的戰爭，還希望符合人權、環境、民主、乃至生活水平最起碼標準的民主國家企業很難有勝算。

日本高鐵在印尼所面對的困境是，安全問題人人會說，但對後進國家的潛規則而言，冒個險就可能省下數千億元，這個險是值得冒的。很顯然，日本在高鐵技術上領先全球，但他們若不願「降格以求」，便面臨了攀攀高峰，世界卻離他們越來越遠的窘境。福斯汽車的作為，則是偏離了自身企業與歐洲國家過往堅守的底限，為了價格競爭，與魔鬼進行了交易，也付出了代價。

歐洲一九六〇年代的學生與社會運動，受到當時中國正在進行的文化大革命很大的「啟發」。當時中國的資訊非常封閉，西方的知識分子誤以為中國正在進行一場既反資本主義消耗與消費，也反傳統文化積習與陋規的偉大實驗，一個人類生活全新方式即將誕生，他們對此興奮又充滿期待。事後證明，這樣的期待與想像，純屬幻覺與誤解。

但在數十年後的今天，中國卻是實實在在地在全世界推動了一場層面更廣、幅員更大的文化大革命：它正一步步地逼迫，已發展了近兩百年的歐美日工業化國家，放棄他們好不容易建立起來的那麼一點「進步」，否則無以和中國、以及學中國的國家競爭。

當「中國因素」成為「中國變數」

在臺灣，要持平而深入地理解與認識中國，並不是一件簡單的事。中國要不是被描繪成快速崛起、市場龐大的淘金樂園，就是民主與人權低落、環境高度汙染的生人勿近之地。人們對異鄉之人的偏見與刻板印象，在某種程度上，原是在所難免，但臺灣與中國的關係特殊，這些偏見與刻板印象往往又與臺灣的政治與經濟發展夾纏在一塊兒，越發難有個清楚的面貌。

在過去一、二十年間，大量臺灣企業移往中國設廠或是開拓市場，前往中國求學就業的亦不在少數，導致臺灣的經濟發展高度依賴中國市場與勞動力。現今的執政黨也充分運用了這樣的局勢，在過去幾次的選舉，經常是以擴大兩岸經貿、深化兩岸關係為競選主軸，吸引經濟選民的選票。而從過去幾次選舉的歷史來看，這套選舉策略也的確有效。

在去年的太陽花反服貿運動之後，這套「選國民黨＝兩岸關係佳＝經濟才會好」的邏輯受到挑戰，也使國民黨在去年年底的選舉遭逢空前的挫敗。當時國民黨失利的原因，並不是臺灣社會已全面質疑兩岸關係與經濟發展之間的關係，而是經濟成長的果實，僅由少數人所獨攬，多數仍在臺灣這塊土地上生活的人，面臨的卻是生活條件每下愈況的處境。與改善自身經濟條件無關的經濟發展不要也罷，這其實是非常理性的一項選擇。

今年下半年以降，接連的中國股市重挫、人民幣劇貶、進而引發的全球股災，則是將澈底翻轉臺灣與全球對中國的預設與想像的決定性事件——甜美夢幻的中國，已經一去不復返了。

在此前，中國的經濟成長，被認為是可以無限期待的，中國的發展模式，與西方就算不同也不會相去太遠，忙著諂媚討好中國當局的，西方人絕對不會比臺灣人少。換言之，「向中靠攏」，就是個世界趨勢嘛，臺灣不會也不能自外於這樣的趨勢。即使對這樣的看法提出異議的，要不被說成是反中意識型態作祟，要不就是被評為不了解中國實況的酸民心態。

但在今年八月以後，我們不妨設想一下，若有任何一個政黨或是趨勢專家再到臺灣人面前說：中國（市場）是臺灣唯一的出路，還能剩下多少說服力？這樣的論述，又能得到多少國際趨勢與權威的背書？

當「中國因素」成為「中國變數」，有一個龐大的巨人中國站在你的身後，對於此後的選舉就未必是一個加分項目了。展現在我們面前的中國，是一個龐大卻有可能停滯或衰退的中國，是一個同時向臺灣輸出觀光客與空氣汙染的中國，是一個漸漸從臺灣的買家，轉為以紅色供應鏈和臺灣直接競爭的中國，也是一個政治獨裁手段與自由市場口號交互運用，藉以和只剩後者可用的國家競爭的中國。

二〇一五以後的兩岸政治與經濟，將是禍福難測的全新局面。

一家企業對抗不了一個國家嗎？

最近臺灣突然開始流行一種說法，說臺灣部分產業面臨的危機，是源自臺灣企業得面對「以一家企業對抗一個國家」的處境。這樣的說法，主要是針對中國大力扶植半導體產業的崛起，可能威脅到臺積電在該產業中的地位，以及三星因為企業規模龐大、橫跨的產業眾多，HTC勢單力薄很難與之競爭。

這種「看圖說故事」的講法，自然也有幾分言之成理，但我們也不能忘了，類似的圖片，過去卻有過截然不同的故事講法。

臺灣這樣的社會，「市場競爭」的信仰者不會少。很多人相信，國家官僚機構注定是沒有效率的，會把資源浪費到沒有用的地方。最直接而明顯的證據就是，國家的力量要是真如此強大而管用，那麼前共產集團國家，又是怎麼垮臺的呢？共產國家，不正是政府計畫經濟的極致表現。更何況，在所謂的全球化時代，一些跨國企業的營運規模，還大於全世界半數國家的國民生產毛額，企業必然不敵國家的假設，本來就很難成立。

再從臺灣自身的經驗來看，我們的政府不也說文創與生技產業是未來的重點產業，在過去十年間，投注了大量資源在這兩個產業中。某種程度上來說，也算是傾國家之力在做這件事了。結果呢？大概很少人會認為臺灣這兩個產業在國際上是大有競爭力的，丹麥的皇家哥本哈根這樣一家企業，應該還是比我們一個國家生產出來的鍋碗瓢盆強得多。

即便是臺灣的科技產業，過去從國家拿到的資源也絕對不會少。從租稅優惠、低價幫忙廠商徵地、設園區、國發基金投資、到教育資源與人才投資一面倒偏向理工科系，試問，除了資訊科技產業，臺灣還有那個產業有這麼好命的待遇？在這種優渥的條件之下，我們卻將臺灣科技業者的處境，說成是一家廠商孤絕地在對抗另外一個國家，這不是很奇怪的事嗎？

臺積電所處的半導體產業與宏達電所處的手機產業的狀況其實大不相同。臺灣的半導體業，我們該問的是：除了臺積電，這麼多年來，拿了政府的補貼，還有多少企業真正花力氣在從事產業創新的工作？半導體產業的工作型態，還能不能吸引臺灣有才華、有創意的年輕人願意投入這個產業？有多少的業者，只為了短視近利，就把工廠與技術往中國大陸搬？至於宏達電，問題則比較接近是產品與企業策略出了問題、內部管理不善、行銷能力欠佳、產品創新週期已經漸漸趕不上主流廠商的總和結果，跟臺灣的政府作為沒有太大關係。

有些故事，約莫是與一個地方的人們的心理狀況與生活處境符合若干，因而特別容易引起人們的共鳴。但是打動人心歸打動人心，這並不意味著這些故事等同或貼近真實世界正在發生中的景況。

有些故事，甚至是危險的，它是已有很多的人還要更多的一種包裝，一種已經應該要被放棄的典範還想延續的吶喊。真正在市場上競爭的公司，他們永遠是在對抗自身以外、分布在全世界的眾多公司，這是企業最真實的孤絕處境，只是不像對抗一個國家那麼有煽動性罷了。

伊斯蘭國與中華民國

臺灣的國際處境艱難，這大家都知道。但很多臺灣人都混淆了一點：國際地位弱勢，不等同於最軟弱的態度，就是回應艱難處境的最佳方式。

伊斯蘭國與中華民國有什麼關係？沒什麼關係，恐怖分子要丟炸彈，在世界地圖上，可能還找不到臺灣的位置。但這兩個「國家」，有兩個共同點，一是不被國際社會所承認（這點無須多談），二是都採取「極端」的手段期以待贏得認可。差別只在於，伊斯蘭國採取的是極端的恐怖暴力，而我們中華民國，則是極端的柔順怯弱。

對巴勒斯坦、蘇格蘭、或是加泰隆尼亞這些要爭取獨立建國的地區或族群，國際社會支持與否，既有個別國家的利益與政治考量，也有對支持與否，該地或該族群將有何反應、將對現實政治與經濟又將造成什麼影響的算計。這也就是說，骨子裡我可能不那麼贊成你獨立，但是強力表態反對的結果卻難以預料，因此我還是得讓與我期待相反的發展趨勢，留一點活路與空間。

伊斯蘭國的極端，就完全不是這麼一回事。其成員之作為，似乎是不管國際社會或軟或硬，他們都將採取最殘暴血腥的方式來對待異已者。對這樣的組織或「國家」，國際社會別無選擇，只有盡一切可能將其殲滅一途。

國際社會自然不會像對伊斯蘭國一樣對待中華民國，但在與臺灣打交道的策略上，卻是一樣地簡單：反正不管我們怎麼對待你這可悲又可憐的國家，你也永遠就是一副卑躬屈膝、柔順到底的姿態，那我自然可以很安心地，把你的利益與立場放在最後一個考量，不用擔心任何副作用或後座力。

臺灣人喜歡嘲弄北韓金正恩的虛張聲勢，但其實我們應該要更像北韓一點，只是不需走喜感路線。沒有任何一本談判教科書會說，當個徹底的乖乖牌並昭告世界會是最好的談判策略，奇也怪哉的是，不少人認為這是臺灣唯一的生存活路。

臺灣申請亞投行創始會員失敗，中國說那是因為臺灣並非主權國家，我們馬上退而求其次，說還有個一般會員可以申請，這太好預測。民進黨黨主席蔡英文參選總統，國內外忙著要她明確對兩岸關係的立場表態，但為什麼要明確表態？誰說模糊就不能為臺灣創造最大的政治利益？

當年的阿扁總統拋出一邊一國的講法，被美國總統布希形容為「麻煩製造者」，不少人不假思索地認為，當個麻煩製造者必然是壞事一件。但從臺灣所處的國際現實來看，又有什麼證據顯示，當個國際爛好人所能獲得的利益大於麻煩製造者？對臺灣最有利的國際戰略位置，應該是要扮演「有可能惹麻煩，但不輕易惹麻煩」的角色，而不是不管公婆怎麼欺壓，一概忍氣吞聲的小媳婦。

亞細亞的孤兒

農曆年前，中國的聯想集團宣布，將以二十九億美元收購Google手中的摩托羅拉手機部門，其中包括六點六億美元現金、七點五億美元的聯想股票、剩下的十五億美元則以三年期本票支付。

聯想的臺灣主要競爭者之一宏碁正陷入重整的困境之中，聯想此舉似乎更讓臺灣人五味雜陳——照說應該領先中國的臺灣資訊產業似乎不知何去何從，過去亦步亦趨跟隨臺灣腳步的中國業者，現在看起來則是昂首闊步，意氣風發。

就單一事件來說，我們其實也不用對此一事件過度解讀，或是對其未來投注太多的想像。Google都未必有能力可以讓摩托羅拉的手機起死回生，我們也沒有什麼依據說從未經營過手機市場的聯想就能有什麼回春妙藥。臺灣的明碁也曾買下西門子的手機部門，只不過最後是以慘賠百億元收場。

但是如果將聯想買下IBM個人電腦部門以降的重大策略性活動合而觀之，我們還是得承認，聯想要比臺灣多數的大型品牌或是代工電腦業者更具冒險精神與變身轉進的彈性。

臺灣的電子業曾經非常成功，但是這樣的成功，現在已有很大的一部分轉為包袱。過去的成功讓我們不敢偏離已被證實的勝利方程式太遠——修正可以，但是跳躍就太冒進了，特別是有前車之鑑告訴我們，跳躍者的下場都不是太好。所以臺灣廠商的主流策略，大體上就是品牌與製造的切割或是再重組，或是投靠這個陣營或是那個陣營之間的選擇。相對來說，聯想的包袱就輕了許多，我們說不太上來它一以貫之的致勝之道，它也就沒有什麼非延續不可的光榮傳統。

這並不是個對與錯、好與不好的問題。在有些情況之下，這些招數是很靈光的。如果過去我們熟悉的世界還能夠維繫，我們慣用的勝利方程式也就能夠繼續管用。但很明顯的，事實並非如此，不但後進國早已超越亦步亦趨的步伐，過去我們仰望、賴以維生的歐美日山頭要不是自己也土崩瓦解、掙扎求生，就是早已另謀出路，無暇他顧。

日前媒體報導，這兩年深陷營運困境的宏達電，考慮要將品牌與製造業務分割。此舉是臺灣業者熟悉的突圍之道，但是這樣的舉措如何能解決宏達電當下所面對的問題，我們並不清楚。

新的一年，對臺灣的資訊科技產業，仍是挑戰重重的一年。突圍不能再靠唯歐美品牌大廠是瞻，當然也就更不會是跟聯想採行一樣的策略，而是得走出自己的路來。

這會是怎麼樣一條道路，還有待我們共同去摸索。歌手羅大佑在一九八〇年代有一首歌叫〈亞細亞的孤兒〉，隱喻的是臺灣在國際上孤立無援的政治處境。在我看來，臺灣當下在經濟上的處境，漸漸與當年臺灣在政治上位置有相仿之處。但是有孤絕之感未必是壞事，孤兒知道一切要靠自己才有生路，孤兒更知道任何關係的存在與建立都不是理所當然，臺灣在經濟上的依賴已經太久，我們可能已經都忘了這一點。

國際多元，有時候

川普與脫歐、愚民與知識分子、全球化與反全球化

二〇一六年迄今，國際政治最讓人意外的兩件大事，應該是川普成為美國共和黨的總統提名人，以及英國公投要脫離歐盟竟然可以過關。

在美國，川普反伊斯蘭、反移民、反性別多元等極右又政治不正確的言論，普遍被媒體、學者、各種意見領袖認為是反智又不堪入耳的鬧劇。自認還算是愛護名聲的公眾人物，聽到川普的名字就算不揶揄他幾句，絕大多數也不屑與之同列。

英國脫歐公投，狀況也差不多。公投前，我們看到大批英國各界的名人，聲嘶力竭地支持留歐，英國傳統兩大政黨的領導人，或許出自不同理由，但都支持留歐；絕大多數的財經專家也都忙著警告，脫歐的經濟負面效應「不堪設想」。即便在公投結果出爐以後，還是有許多媒體忿忿不平地怪罪，脫歐公投得以過關，是脫歐派騙術般的宣傳所導致的結果。

但這兩個讓社會與文化菁英們「意外」的結果，終究還是出現了，而且這兩個結果，都是透過某種形式的民主機制，一票一票地投出來的。

這是怎麼回事？這些社會菁英，或說是廣義的知識分子都慌了，因為在他們心目中，沒有任何理性又深思熟慮的的論述，可以推導出川普勝出、脫歐過關這樣的結論。也因此，他們反向推導出一個結論：支持川普與脫歐者，都是被操控，反智又反理性的愚民。

但這些知識分子們無法自圓其說的是：如果掌控在這些社會菁英手上的媒體與其他發言分量大的機制都是一面倒地支持留歐與反川普，為何「被操控」的反而是支持川普與脫歐的民眾？為何號稱先進國家、全球前六大經濟體佔其二的老牌民主國家，有近半或過半的民眾這麼容易就被操控？

在我看來，這些知識分子之所以有這樣的誤判，以為川普與脫歐過不了關，是因為他們無法面對他們內心的恐懼，恐懼他們過去相信必然為真的事實或知識，竟然被那麼多自己的同胞認為是錯的，而且在他們的面前崩解。

而這個堅實的知識信仰，不就是過去二、三十年來，被主流知識分子高度謳歌、宣稱是不得不然趨勢的「全球化」？對我這種說法持懷疑態度的人不妨可以做個練習：把近期關於留歐的諸般好處的論述，用文書編輯軟體將「歐盟」二字全部替換為「全球」或「世界」，不就是徹徹底底的全球化論述？兩者的差別只在於，英國人民可以投票退出歐盟，卻不知如何拒絕全球化而已。

知識分子們的恐懼還在於，他們過往還大可以說，反全球化「古已有之」，但全球化終究利大於弊，受害的只是少數人，特別是第三世界的少數人，或是左翼分子誇大出來的少數人。

二〇一六年的兩大意外政治事件彰顯的卻是：先進國的、政治立場涵蓋極左到極右的，而且可能更重要的，不再是少數的人們，他們對全球化的結果與後果，投下了否定票。

他們不是被操控、不是被宣傳誤導，而是他們真真實實的生存處境，在現有的體制下，正在不斷地沉淪毀壞當中。相反的，他們已經不再相信知識菁英們宣傳的全球化開放與自由貿易的好處，他們的生命經驗已經證明，全球化與自由貿易即便有這些好處，也與他們並不相干。

支持川普與脫歐或許不是有效的解方，但這是一種「對菁英的背叛的反叛」，一種左右翼混雜的政治宣示，宣示這個世界與知識分子的知識基礎必須做出改變。

當這個世界自認的全球化受害者多過受益者，而且來自第一世界國家，究竟是這些人們愚蠢，還是知識分子們習以為常的知識體系面臨崩解？很可惜的是，身處臺灣的我們，似乎不加質疑地認為是前者，錯失了見證一個新時代來臨的可能性。

智慧很多元，但是財富很集中——看看這世界有多假掰？

近一、二十年來，多元智慧的概念在臺灣很流行。

多元智慧的理念說，每個人都有他獨到的天賦，應該讓每個孩子都能適才適性地發展，只要每個人都能充分發揮他的潛力與才能，必然能走出屬於自己的一片天空。

這麼一個充滿正面能量的概念，自然很難不在臺灣大受歡迎。對於一個長期鎖閉在狹隘的智育升學主義的社會來說，的確也有它存在的積極性意義。於是乎，我們看到各式各樣有新興教育理念的學校一個個浮現，各級學校的入學方式也不斷在進行變革，其目的都只有一個：證明自己是一個重視多元價值的組織或是社會。

但也差不多是在同一段時間，我們也親眼目睹了另一個同樣明顯的趨勢在臺灣與全世界發生：貧富差距越來越大，財富越來越集中在少數人手裡。過去二十年來這世界增加的財富，八成以上落在不到一成的富人手上。

這兩件事有沒有因果關係？我想應該沒有，就算有，也是很薄弱的關係。但這樣的沒有關係，恐怕才是真正的問題之所在——不管你有沒有具備多元又多樣的才華，你可能都無能為力阻止你成為收入水平越來越下滑的多數，而那掌握政治與經濟權力的菁英們，不管他們有沒有具備多元又多樣的才華，他們也同樣會是繼續掌握鉅額財富的那一小群人。

有人或許會說，這適才適性的發展，可不是為了得到一個好工作或是賺更多錢，而是為了更高的自我實踐的理想阿。

這話可能一點也沒錯，但是那些掌握權力的人，可能最希望擁有多樣才華的人這樣想。才華是你的，財富是我的，世界一片祥和。你大可以花大把的鈔票跟資源投資在自己或子女的教育上，努力成為一個學經歷漂亮，身懷十八般武藝的二十一世紀青年，但是權力與金錢，仍然是牢牢控制在那些少數的權力菁英集團手上，而且這些集團的成員，可能比以往為數更少，更具有封閉性。而你若以為這些集團的成員取得這樣的壟斷性權力的方式，靠的是多元智慧大師講的八種智慧的任何一種，我也只能說：真是太傻太天真。

想想我們的孩子，在求學時期，花了多少時間在錙銖必較那麼一點點分數，費了多少心神在學習各種才藝跟參加比賽，耗了多少青春在志工與國際經驗上累積點數，但這些孩子們，如果我們當前的社會與經濟結構沒有改變，十之八九他們的收入要跟著已然持續了十七、八年的下跌趨勢線一起滑坡，不論他們的聰明才智如何多元，履歷上的學經歷有多傲人。

我們一方面期待孩子們的天賦可以自由解放，但是另一方面我們卻又交給他們一個權力僵固，財富分配一點也不多元的社會，真的相信了多元智慧這一套理念的，或將很快就要被這個不多元的社會給教訓跟懲罰一番，這難道不是一個假掰到不行的社會結構嗎？

多元智慧理論廣受歡迎，因為它提供一個自我改善、自我提升的解決方案，讓明天看來充滿希望，而這是相對容易的。要打造一個權力分配多元，收入分配多元的社會，讓具備多元才華的人能有一個自我實踐場域，卻是一個既抽象又事不關己的艱鉅挑戰。

這很不容易，但我們沒有選擇。忽略了權力結構，不進行社會改革，多元智慧的期待很假掰。

毒藥為何成了解藥

自二〇一一年的「佔領華爾街」運動之後，凡涉及貧富差距擴大、社會資源分配不均的問題，「百分之一 vs 百分之九十九的戰爭」這種頗具煽動性的說法總是會一再地被提及。像今年稍早在社運先輩林孝信的追思會上，清大榮譽退休教授彭明輝便再度提及此一說法。

但這一說法既然是在二〇〇八年的全球金融風暴後持續地具有「有效性」，我們也就不得不追問，在一個所謂的民主社會，這樣的現象持續存在所具備的弔詭性─如果民主政治是一人一票，票票皆平等，那百分之九十九的絕對多數，不是早該推翻了那百分之一的貪婪與妄為，建立了一個以百分之九十九的多數人福祉為依歸的社會體制，怎還會任由那百分之一的政商集團囂張下去？

一種可能的答案是，民主失靈了。我們雖然可以投票，但兩個黨（或更多的黨）都無法代表百分之九十九的人民意志。這種說法當然不無可能，但它卻無法解釋，如果現有的大黨綁架了政治權力，為何更貼近弱勢民眾利益的小黨（像是社民黨或是綠黨）的選舉得票率持續在低檔徘徊。

另外一種可能回答則是：在客觀數據上，或許貧富差距加大、薪資停滯不前，中產階級殞落，但在主觀上，百分之九十九當中的很大一部分，想的還是總有一天，自己會跨到分隔線的另外一邊，而不是站出來改變或推翻造就自身處境的體制。

一個可靠的線索是，美國總統大選發展至今，兩大政黨都出現了美國選舉史上並不多見的立場較為極端的候選人——民主黨是思想左傾的桑德斯，共和黨則是大右派川普。兩者差別在於，桑德斯雖有特定比例的支持者，但要贏得民主黨提名的機會相當渺茫，川普則是一路領先，除非有爆炸性的事件扭轉局面，川普贏得共和黨提名的機率非常高。有許多觀察家都認為，極端主義者的出現，意味著美國人對現況不滿，對現今檯面上的政治人物感到厭倦。

這樣的厭倦不難理解，但解方為何是川普？

美國總統大選初選起跑以來，地產大亨川普諸多反移民、反伊斯蘭、反性別多元的言論，在重視政治正確的中產階級聽來非常不堪入耳，但川普在眾多專家不看好聲中走來，卻是一路過關斬將，在選舉人票數上遙遙領先對手。

如果美國的中產階級那麼不喜歡川普，那麼川普的票，又是怎麼來的呢？按照歐美許多媒體的分析，川普的支持者中，勞動階級佔了很高的比例。此事的諷刺與可嘆之處在於，很有可能是百分之九十九下半部底層的勞動階級，為何要投票給很顯然是那百分之一的地產大亨？

是不是川普美豔的妻子、名流的生活、以棟為單位的房產所能帶來的遐想，要比社會改造、真實扭轉自身命運的理想更誘人？是不是當川普在電視上以訓誡的口吻問「誰是接班人」時，電視觀眾都在幻想著，有一天那會是自己？

如果以上皆是的話，百分之九十九與百分之一的戰爭為何贏家卻是後者，似乎也就有了答案。

蘋果不幫FBI解碼手機是正確的決定

美國聯邦調查局要求蘋果公司解碼重大槍擊案兇嫌手機，以便追查兇嫌與恐怖攻擊的關連性，這項要求遭到蘋果的拒絕，在全球都引起了廣泛的討論，並進入了美國的司法審理程序。

認為蘋果應協助ＦＢＩ的主要觀點，是認為此事涉及「國家安全」，而且兇嫌犯行重大且確鑿，是少數的「特例」，不至於危及一般使用者的隱私權與資訊安全，蘋果理應幫助國家打擊犯罪與可能的恐怖活動。

「特例」因與一般人距離遙遠（多數人根本無從想像自己會成為槍擊案的主角），人的天性總會讓我們覺得應該嚴懲「這些人」（高於正常的規格），以便維護「我們」的安全。此外，很多人也相信，政府沒事不會濫用這樣的特權與取得的資訊，我們的資訊也是安全的。

但我們不妨也來設想一下，導致許多人喪命的槍擊案惡行重大殆無疑義，但比方說，有人被懷疑在夜店藉女子酒醉，性侵並偷拍光碟，此舉在很多人心目中，可能也是人神共憤的惡行，手機公司是否該協助檢調單位解碼手機，看嫌疑犯所用手機有無該影片？騙走老人家一生積蓄的詐騙集團，其行徑也讓人非常憤慨，他們的手機，是否也該列「特例」的範疇？

依此類推下去，我們不難想像，任何的犯罪，國家都不難找出理由，指出其嚴重性，要通訊相關業者配合其偵防措施。一個真正的重大案件，國家會願意動員很多的資源，花很大的力氣來破案，不太可能經常為之，這比較可能是真正的「特例」與「個案」。以公權力要科技業者交出資料，或是協助解碼，是一件太過便宜行事的解決方案，就像魔戒有的致命吸引力，我們若只能信任執法者不會濫用這種權力的善心，是一件非常危險的事。

國家機構會不會濫用這樣的權力呢？讓我們回憶一下，在二〇一三年的馬王政爭之際，曾有律師高涌誠依司法院通訊監聽統計推估，每年約有六百萬臺灣人曾被監聽，也就是包括襁褓中的嬰兒在內，每四個人就有一人被監聽。

這麼密集而寬廣的監聽，究竟有多少是「必要」的？有多少又是以犯罪偵防之名，卻是為了個人的目的，濫用了監聽的權力？這樣的比例雖無從統計，但我們也不難從六百萬這樣驚人的數字得到心證。

更何況我們別忘了，蘋果的手機面對的是全球市場，美國與臺灣好歹還是民主國家，對於權力的濫用還有一定程度的制衡。對於威權體制而言，蘋果若幫美國聯邦調查局解碼手機此例一開，威權政府更有理由堂而皇之的要求蘋果援例辦理，蘋果或其他科技公司也就更難拒絕這樣的要求，這對人權侵害的可能潛在影響難以估算。

科技公司的天職，就是讓用戶的資料得到最好的保護，而不是做相反的事。犯罪重不重大，加密的資訊應該怎破解，還是留給檢調機構來解決比較好。

攀登高峰，卻發現世界離自己越來越遠的日本人

在上週，印尼國有企業部長宣布，該國計畫興建的雅加達——萬隆高鐵案，將由中國勝出，同樣競逐此案的日本確定出局。

日本新幹線高鐵系統穩定、安全舒適、技術領先全球等優勢，這些恐怕是連競爭對手中國都不會否認的事實。印尼的國有企業部長也擺明了說，技術並非唯一考量，中國方案不用印尼政府出任何一毛錢，甚至也無須提供融資擔保，其膽識之過人令人欽佩，才是中國方案勝出的真正關鍵。

本來，高價高附加價值產品不敵俗又大碗的低價品競爭，這在市場上並不罕見，並不值得大書特書，但高鐵是一般所稱的「大型複雜系統」工程，進入門檻極高，其成敗優劣又牽涉人命安全問題，向來是技術領先國家寡頭壟斷的生意，而如今，國民所得一萬美元不到的國家也來攻城掠地了。

這並不是日本唯一面對這樣處境的產業。日本的和牛，比起澳洲或美國牛肉，貴上數倍的價格，如果它真能獲得全球頂級饕客的青睞，那倒也不失為一種有效的「市場區隔」。幾年前我在東京工作時，卻在標榜軟嫩和牛製作漢堡的和風速食店裡，眼見西方人只咬下一口就皺眉拂袖而去——對西方人來說，和牛缺乏嚼勁，並不是他們偏好的口感，便宜都未必

想吃，遑論是數倍的價格。為此，日本政府還花大錢請米其林星級餐廳大廚示範和牛法式料理，希望能在歐美國家推銷和牛，但成效並不顯著。

日本國內產值龐大的「卡歪婊」風動漫畫，在海外，除了少數像臺灣這些曾受日本殖民的國家以外，在全球市場全然不是美系或好萊塢同類產品的對手。

這樣的名單，還能一路列舉下去，從又能噴水又能烘乾的免治馬桶、到解決各種生活疑難雜症的五金雜貨等等，日本人在這些產業的技術與經營的精微細緻程度，已到令人嘆為觀止的地步。但這些獨入無人之境的產品也都面臨類似的處境——除了日本國內，海外市場的接受度非常有限，無法彌補前一個世代日本的榮光——新力、豐田、任天堂等企業產品橫掃世界所留下的缺口。

這個世界，顯然並不太需要這樣的日本。日本是第一個預見高齡化社會來臨，勞動力有可能大幅短缺的國家。為了因應這樣的趨勢，日本大力發展機器人產業。

數十年後來看，日本人的預言其實相當正確。但日本人沒估算在內的是，租一個做家事的機器人，日本公司要價數百萬台幣，從國外聘用移工卻只要十分之一不到的價格。軟體銀行的Pepper雖然熱賣，日本在生產自動化科技也居於世界領先地位，但跟日本錯失的、卻在人力替代與成本效益上遠優於機器人的網路科技比較起來（想想看一個網路銀行網站可以取代多少實體分行），日本獨走於機器人市場，只顯得落寞又有那麼幾分不合時宜。高鐵的問題也是一樣，安全問題人人會說，但對後進國家的潛規則而言，冒個險就可能省下數千億元，這個險是值得冒的。

日本人在當代世界的窘境是，在諸多領域他們都攀登了世界的高峰，但這高峰卻是孤絕之境，這世界離他們越來越遠。

英國文化研究學者David Morley曾經形容，日本的崛起是「現代性的逆轉」（the reverse of modernity）——一個比西方國家還西方的東方國家，但在一個尋求彈性多樣、強調自我展演的後工業、後現代處境之中，日本的「東方性格」美則美矣，卻是在市場上賣不了錢的孤芳自賞之美。

日本經濟的邊緣化給我們的啟示是，後現代對多元與差異的強調，弔詭地讓西方品味與習癖，成為全球市場的唯一主流。當下的臺灣，其實也面臨類似的處境，我們能生產C／P值最高的手機，卻摸索不出什麼是全球的人們都覺得酷的設計，文創產業也走不出國門，不也是相同的道理？

評《數位麵包屑裡的各種好主意》

臺灣是個引進新觀念相當快速的國家，歐美日流行的新知識或新方法，通常不用太久時間、甚至同步就會在臺灣得到廣泛的重視與討論。在資訊科技領域，之前風行雲端，現在大家談大數據。

但我們其實不難看出來，最熱衷積極推廣這些概念的，經常都是相關的設備製造商，或是企管顧問業者。原因無他，有對新觀念的焦慮，才有更新設備或是持續進修的需求，不足為怪。

當然我們也不需要很酸腐地說，因為背後有這樣的目的，這些概念就毫無價值可言。在人類社會中，當比例甚高的人相信這是個趨勢，這也就將成為一個真正的趨勢，這也是先進強勢國家在產業發展上的先天優勢之所在。

我們真正要注意的，其實是要避免機器或軟體買了、高價課程也上了，除了趕上趨勢的自我感覺良好以外，對個人或是企業卻是一無所獲的窘境。而這種情況其實很常發生（如果不是常態，就算很幸運了）。

這類憾事之所以一再重演，關鍵因素在於，除了這些設備與新知以外，臺灣在地的其他條件未必能配合或鑲嵌到這些新觀念得以落實的情境之中。像是雲端的概念，沒有一個賣雲端設備的廠商會告訴你，雲端的特性既然是資訊集中而得以共享，這世界也就不需要太多朵雲。既是如此，為何資源不足名號不響的第三世界小廠商，能夠在強者越強、弱者越弱的競爭中勝出呢？美國業者可行、能獲利的，臺灣業者不一定能比照辦理。

麻省理工學院人類動力學實驗室（MIT Human Dynamic Lab）主任潘特蘭（Alex「Sandy」Pentland）所寫的《數位麵包屑裡的各種好主意》談的是大數據，但他為我們做了一個很好的示範：沒有深刻的社會分析能力為基礎，再強的資訊應用能力也是枉然。

潘特蘭在這本書中的核心概念是，各種網路與資訊科技工具能從人類從事網路或實體世界行為時所掉落的麵包屑中，找出人類因互動而產生的種種「意念流」。意念流是一種大於個體思維與智慧的東西，是人們相互模仿與學習的結果，人類組織的昌盛或是衰亡，都與意念流的趨向有密不可分的關係。而大數據之為用，在潘特蘭看來，就是為了分析意念流在人類社會的分布與流向，如果我們掌握了意念流，也就掌握了社會趨勢的變化，以及個體的意志與偏好的形塑過程。

這本書有深厚的社會分析為基礎，充分展現了美國頂尖學府跨學科整合的研究能力，是臺灣奢談大數據應用非常欠缺的面向。潘特蘭作為麻省理工學院教授，自然也沒有機器設備要賣，沒有促銷大數據相關設備的需求，也就更能持平地看待大數據對解答人類問題的能與不能。

但此書實則脫胎自潘特蘭的相關學術研究，內容不是那麼親切可口，讀者可能需要更多一點耐心才能讀完此書。事實上，英文原著的書名為《社會物理學：好主意是怎麼傳播的——從一門新科學學到的事》（Social Physics: How Good Ideas Spread—The Lesson from a New Science）更貼近書的內容與寫作風格（有點硬梆梆的，不像通俗讀物），作者也算不上是講故事的能手，因而這本書似乎在臺灣的書市被埋沒了。

我在此向對大數據概念感興趣的讀者推薦這本書，這是一本有料的書。

過勞死與無聊死，你選擇哪一個？

工作不要搞得太累，也不要一輩子一事無成，能在工作與生活間求得平衡，應該是很多人對人生的企盼與夢想。

這在任何時代，都不是一件簡單的事，但在我們這個時代，它正一步步地由夢想飄移為幻想，離多數人的生存狀態越來越遙遠。

我們的時代，號稱是一個全球無國界、競爭無距離的世界。在這個世界裡，每個在市場上競爭的企業或個人的優點與缺點，都將在資訊越來越透明、傳遞越來越快速的地球村中被暴露與放大，從而導致市場上強者越強、弱者越弱——我若確知哈佛大學教授麥可波特（Michael Porter）就是提出「五力分析」的學者，而且是能把這個概念詮釋得最為透徹清晰的人，既然我YouTube上就能看到他的教學影片、在網路上就能買到他寫的書，在大學開放式課程也能選修他的課、甚至請他來臺灣講學或演講也不是不可能的事，我為何還要花時間與金錢，或聽或買過往一些「次級」與「二手」的資訊生產者來講述五力分析呢？

各個領域在全世界最好的，理論上來說就是僅有一個或數個，這些為數有限的贏家必然很忙，因為全世界有此需求的人都要找他們。如果他們願意，他們要消滅那些模仿者、轉述者或是創造次級品者也不是難事，因為要用非常低廉或是根本不花成本的方式在全世界複製他們的成功很容易。比方說好萊塢電影，它若用國片三分之一的價格來賣票可能還是賺錢的，但任何國家的本土電影卻有可能就此被打趴在地上，因為他們雖然製片成本很高，但每個觀影者的單位成本還是遠低於本土電影。

通訊軟體業者WhatsApp被臉書以一百一十八億美元收購，但在人力資源市場，它卻是一家只雇用了五十四名員工的「小公司」。我們不難理解，要贏得這樣的市場領導位置不容易，但如果世界市場一體化，兩、三家通訊軟體就足以滿足全世界的需求，這也意味著，這可能將是一個只雇用一、兩百人的「小產業」，大概就是臺灣一家中小企業的規模而已。這一兩百人估計會很忙，或許還有數千人是白忙（在競爭中敗下陣來的），但更多的是有相關技能，卻無緣參與這個產業的軟硬體工作者，這和過去一家在地的電話或電信公司就可雇用數萬員工完全不可同日而語。

當然，現階段我們也不需要誇大這種趨勢的全面性，畢竟，這世界還是有很大的摩擦力，全球一體化還只在初步階段而已。但我們也不用懷疑，這世界正在一步步地，以無人能擋的態勢在往這個方向邁進。正因為如此，美國前勞動部長、哈佛大學教授Robert Reich才會說，未來就算景氣擴張、經濟復甦，也將會是沒有工作機會的復甦，將有越來越多人被排除在有競爭力的經濟與工作圈外。

對工作者而言，無奈之處在於，未來的世界將會是有工作的過勞死，沒有工作的無聊死，要在這兩者之間尋求平衡點將越形困難。

這問題當然沒有單一解方，但我們的社會還有太多的聲音，都還在一面倒地謳歌競爭至上、贏家全拿的文化與意識型態，無視未來的人類將處於什麼樣的生存狀態，即便你是個贏家，也很有可能是一個毫無生活可言的贏家。像臺灣的最高學府臺灣大學，經常喊話教授薪水太低不利國際競爭，但在同時，卻吝於為兼任助理人員投保健保，不就典型是這種思維下的產物？

這不是一種憐憫，也不全然是為公平正義故，而是我們應該停下來思索，經濟發展的根本目的，難道不應該是為所有人的幸福快樂服務的嗎？越來越少人能在工作與生活中求得平衡的經濟型態，這一切又是所為何來呢？

要談大數據，何不先來小數字？

最近大數據、巨量數據或是海量數據（Big Data）的概念在臺灣很是流行。這概念對臺灣的產業究竟有何影響，現在還很難論斷，但我們不妨也可以回頭看看已經流行過很長一段時間的「雲端」領域，到底有哪些臺灣產業從中得到好處，反思一下盲目跟隨一個概念的可怕之處。

有效地掌握資訊，可以更精準地回應使用者或消費者的需求，或是提高產品的附加價值，這是一件不用懷疑的事情。網路可以更有效率地達到這一點，也是其理甚明。但在大談大數據的好處之前，我們或許也可以先自問，那麼臺灣對於隨處可見、不太花成本與精力就能拿到的數字，應用能力又是如何呢？我必須說，很差。

舉幾個例子。我在日本工作時，住東京銀座附近。在銀座大街上，經常可見準備要開店的商家，雇人拿著計數器，在預計開店的地點門口，計算不同時間點的人潮流量。這種苦功夫得到的數據，當然不過是個小數字而已，但是卻對營運的成敗關係重大，因為東京銀座的店租很高（臺北也是），選錯開業地點將是很嚴重的事情。

在臺灣開店採取同樣作法的不是沒有，但是對比來看，一定比日本少了很多，那臺灣人開店做生意的決策主要靠什麼來做判斷呢？靠感覺、靠經驗——這裡經過的人好像不少、開在這裡的店好像生意都不錯、某個朋友跟我講以後這裡會很好等等。

這類的情景不勝枚舉。像現今教育當局相當頭疼的少子化導致大學過剩問題，我們似乎都忘了，今年要進大學的高中生，可是早在十八年前就已誕生在這世界，幾乎跟臺灣廣設大學是同一個時間點。這也就是說，當年的決策當局，只要看看當年的新生兒人數，不就大概可以預估得到今年大學招生的入學情況，為何還做了廣設大學的決定？但是當年他們參考了這個簡單無比的人口趨勢的數字嗎？我看是沒有，要有的話他們也不用現在才來殫盡心思為大學找出路。

事實上，真正的大決策，需要的其實是這類關鍵小數字，綿密的大數據，反而都是用來處理小問題。

另外一個殘酷的事實是，臺灣長期以來就是個行銷、消費者研究高度落後的國家，幾個想跨出國門的科技大廠，想在引領世界潮流、開拓消費者品味的競爭上爭勝，都是被韓國廠商硬生生給比了下去，這是因為沒有掌握大數據嗎？我看也不是，是因為我們對世界上大範圍的異文化所知有限，又對勇敢開創未來的可能畏畏縮縮才是關鍵。

簡單來說，大數據不是壞事，但是沒有大思考、大戰略，大數據終究只是在夾縫裡找細針，成就不了具有開創性的事業。

要理解這個世界大趨勢來龍去脈的轉變，有時小數字就綽綽有餘了，但這需要對這世界的好奇與關心，再加上敏銳觀察力的培養，而不是跟上時髦的觀念，或是買了很貴的軟體與設備。

國際競爭力，多少罪惡假汝之名以行

臺灣長期以來在國際間被打壓，再加上小國島民的生存危機感格外迫切，讓臺灣人對於得到他國之人的「認可」，有著莫名的強烈渴求。

陳震遠等人「自己的論文自己審」事件，要不是先經《紐約時報》、《華盛頓郵報》、《洛杉磯時報》等「國際媒體」大幅披露，恐怕最終也將只是學術圈中茶壺裡的風暴，不會在社會上得到這麼大的關注，甚至導致部長級人物黯然下臺。

弔詭的是，這國際矚目的醜聞，正也是為了爭取所謂的「國際競爭力」而起。過去十年間，臺灣的高等教育的首要目標，被定位為要打造國際一流的頂尖大學。我們的高教資源分配，也以大學能否晉升國際一流為指標，這當中最為國人所知的，就是五年五百億的預算大餅由特定的幾所大學瓜分。

國際一流要怎麼衡量？我們相信所謂的世界大學排名。世界大學是怎麼排名，搞這套東西的人在方法上略有差異，但主要是看大學在論文發表數上的表現。老外搞這套東西當然不可能顧及以不同語文發表的著作，在統計上自然是獨尊英文發表的論文。

這套系統的弊害，早有許多討論：為了可以在國際期刊發表，學者開始選擇在國際間討好題目來做研究，反而忽略了在地的、對臺灣社會有益的題材；德文、日文、法文系老師的著作若是用這些語文發表，從官方的獎酬系統來看，反而是比英文次等的著作；各家大學為了爭取資源，更加傾斜地重理工輕人文（因為理工科系才能大量地製造論文），重研究輕教學，教師的遴聘則以能大量生產論文為首要考量。

自己的論文自己審事件暴露的則是另一個層次的問題。華人做事，向來以有彈性、能變通著稱，一旦走了偏鋒，甚至走火入魔，就變成了奸巧，就算學院中人也不例外。既然數量是唯一重要的事，那我們就來發明一些衡量的方法吧：相互掛名、一篇就能寫完的東西拆五篇、同樣的概念反覆再三地論證、找尋輕巧能快速有產出的題目、乃至偽造根本不存在的期刊都時有所聞，而自己的論文自己審，也不過是這個脈絡下的一種變形而已。

和碩科技董事長童子賢日前說，在教育問題上，整個國家都在作假，實在是個非常真實的描述。臺灣的大學教育，在這個一切為了紙上統計的國際競爭力的目標下，談人才培育、知識能為社會所用，都無異緣木求魚。最簡單的證據就是，為何臺灣這些所謂的頂尖大學沾沾自喜於國際排名節節上升，但同時我們又感覺到臺灣人才與產業的競爭力節節下滑呢？

而這一切沉淪的文化基底，正是因為我們那麼輕易就相信，與所謂的歐美先進國家變得一樣或接軌，就叫做國際競爭力，而有些掌握權力的人更利用了社會瀰漫的這種心態，成為他們掠奪與搶占國家資源的權力與合理性基礎。

要改變這一切，我們得先從一個基本的心態革命開始：要在國際上有競爭力，不是變得跟你想競爭的人一樣，而是認清自己的位置與優勢，做自己與這塊土地該做的事。

查禁ＵＢＥＲ也擋不了下一個

七月十一日，二千輛計程車，包圍了立法院，要求政府強力查禁ＵＢＥＲ的違法載客行為。在業者的壓力之下，經濟部投審會也表示，不排除撤銷ＵＢＥＲ的投資許可。ＵＢＥＲ或許違法，ＵＢＥＲ也有可能在臺灣消失，但ＵＢＥＲ的營運模式一定會有後繼者。消滅ＵＢＥＲ，改變不了傳統計程車業的黯淡前景。

一九九〇年代末期，網路電子商務初起，各種線上銷售模式一樣面臨了適法性的爭議（業者未繳稅或是美國跨州交易的消費稅率不一等等），一樣有安全性的疑慮（二十年前，敢在網路上輸入卡號的人並不多），但這些都阻擋不了電子商務在這二十多年間的攻城掠地，佔各產業銷售總額的比率節節高升，如今線上購物已成為很多人生活中不可或缺的一環。

公權力難挽頹勢

這樣的趨勢之所以無可逆轉，根本的原因在於電子商務在降低交易成本、提高資源使用效率上，大大地勝出了傳統實體交易模式。而在人類經濟史上，以產業演化的角度來看，營運效率較佳的經濟體制與營運模式終將淘汰效率次之者，幾乎是產業演進無可改變的宿命，即便掌握立法權力的國家也未必能扭轉這樣的定律。

今天如果還有傳統零售通路業者以電子商務不安全、或是影響他們生計為由要求查禁電子商務，多數人應該會覺得可笑又怪異。今天計程車業者要求政府全面查禁ＵＢＥＲ，在法律上或許站得住腳，但其背後的思維，卻與前述的邏輯如出一轍。

我們不難想見，如果政府在計程車業者的強大壓力之下，運用公權力，要將ＵＢＥＲ趕出臺灣市場，絕對是政府能力可及的一件事。但這種情況如果真的發生，我也大膽預測，不用太久的時間，就會有另外一個ＵＢＥＲ來填補ＵＢＥＲ所留下的市場位置。

交通運輸產業電子商務化比零售電子商務化晚了二十年的唯一原因，是行動裝置的成熟與普及要比個人電腦晚了許多，而不是因為交通事業是政府特許行業。就像網路情色產業在多數國家都是違法的，但這一點也無礙網路情色產業的興盛蓬勃。

對計程車業者來說，阻絕ＵＢＥＲ在台經營，最多也只能為他們買到一點喘息的時間，但這時間也不會太長。ＵＢＥＲ可以被拒絕，但市場不可能拒絕科技所帶來的效益與品質提升。

應提升經營效率

計程車業者如果不喜歡外來的「入侵者」，應該思考的是自己如何妥善運用資訊科技，提升原產業的經營效率（像是如何更精準地找到乘客）與客服品質（像是彈性費率與更完整的乘車資訊）。阻止非法ＵＢＥＲ最有效的方式（如果不是唯一有效方式的話），就是讓自己成為合法的ＵＢＥＲ，而不是在法令的保護之下，原地踏步，卻也不准這個世界邁步向前。

至於政府政策，該思考的是，法令究竟是保障了民眾交通的品質與安全，還是計程車業者的故步自封？

政經多元，有時候

請以民主參與取代市場喊價

每年到了核定新年度大學學費的時節，「學校喊漲，學生（團體）喊凍漲」的情節總是重複上演。

學校的說法，大半是營運成本高漲，學費不得不漲；學生端的論述，則集中在高教不應商品化與景氣欠佳等因素。

誰說得有理，或是臺灣的高教該往那個方向走（英美的使用者付費或是歐陸的公共化），我們姑且不論。一個擺在我們面前的事實是：兩造對臺灣高教的討論（如果還真有討論的話），已淪為只剩價格，不問價值的市場喊價。這才是這種討論最深切的危機。

反漲學生或團體，大體上只要達成「今年不漲」的目標，行動上通常就告一段落。他們不太管，或許也沒有能力管，臺灣的高教預算長期趨向萎縮的狀態下，學費不漲的學校是怎麼運作的。如果以一、二十年期來看，水費漲、電費漲、原物料也漲、大學老師薪資也漲（比例不高就是），其實是大家都知道的事。既然來自政府的預算無法增加，那大學做些什麼來因應凍漲呢？

他們做一些大學生們基本上不在乎的事，藉以彌補在上述這些項目上多花掉的錢。比方說，多開大班課，一班人數增加一倍，一門課的開課成本也就只剩二分之一；盡量少聘專任教師，因為請兼任老師開一門課的成本，不及專任老師的四分之一（如果加計研究室、退休金等費用，其實比例更懸殊），現在一個系所只剩三、四個專任老師的，不在少數。

這些你聽過任何大學生表達不滿嗎？從來沒有，因為臺灣人只在乎價格，至於你低價買到的究竟是什麼東西，那並不重要。學費漲一、兩千塊，學生們說負擔沉重（自然也有可能是事實），但他們繳了四、五萬塊錢，卻能對翹掉大半的課或是學校開出超水的課程輕鬆以對。

很多精明的大學經營者也是看準了臺灣學生與社運團體這種心態，他們索性也就不漲價了（所以每年提出要漲學費的大學其實並不多，今年不到十所）（因為能漲的幅度也是有限，還被罵得很慘），他們發現，大搞「cost down」更實在，既無人抗議，還可能賺更多。

在臺灣，不是只有高教領域如此，所有黑心化了的市場都相去不遠——只要夠便宜，吃下去的是什麼沒人理（臺灣早餐店的凍漲史，應該比高等教育還要悠久）。

因此，我建議真正關心臺灣學生受教權利與品質的個人或團體，別再把目光放在那要漲或不漲的百分之一到三，而是應該認真地分析與理解大學的營運實況與成本結構，要求參與學費訂定與教育經費分配的過程與決策，而不是只在乎最終的價格。高教公共化的理想，也絕不可能在討價還價中實踐，比英美還低的總體稅率，卻是期待比照歐陸的公共大學服務，造就臺灣只有一種大學，也就是很水、很稀釋的大學。

臺灣已快要在殺價中淪亡，我們還沒有得到足夠的教訓嗎？

王如玄軍宅案裡的階級問題——改變我，還是我們的命運抉擇

王如玄把買賣軍宅當成套利的工具，這點已無疑義。她這樣的行為，跟她出身的某個族群很像，跟她參與過的某個社群又很不像。據稱，王如玄出身勞動階級家庭，很會唸書，念了北一女中、台大法律系，後來成為律師。

王如玄想靠地產發財，其實就跟她出身的那個階級的很多人一樣，覺得地產投資最穩當、最可靠，長期而言穩賺不賠，大家都這樣，自己幹也沒什麼奇怪之處。但這樣出身的小孩念了台大法律系，她會發現她跟她的很多同學很不一樣，他們可能很會打扮，講起話來更有見過世面的態勢與架勢。更重要的是，他們畢業以後，要面對的事業與人生路徑將會很不一樣。

這些好人家出身的法律人，他們根本不用拿自己的錢來炒地皮，他們也不用靠江湖上名聲原本就不太好的房仲來提供內線消息，他們有好爸爸，讓他們進摩根史坦利，拿的是外資百億購併台企、中華電信海外籌資的大案，他們轉帳都在英屬開曼群島，討厭的立委根本查不到資料，所有的交易都有三層以上的投資公司層層掩護，名嘴有合理的懷疑也不會有合

宜的證據，甚至他們連花自己的錢都不用，就有人把公司的乾股送到面前來。

會唸書的貧苦小孩，她發現自己樣樣不比別人差，但她樣樣得靠自己來。她的爸媽要她不要被人看不起，所以她盡一切努力要往上爬。她投資藍也投資綠，但最後是藍的給了她最大的登頂機會，這一點她心懷感激，也準備要好好把握這樣的機會。她接受媒體專訪說律師一個案子十萬很難賺，雖有別的律師跳出來嘲諷她說，律師一次又不是只接一個案子哪裡叫難賺，但跟她有權有勢的同學、學長比起來，這錢還真的很難賺；拿出自己的錢又冒大險投資軍宅二十多年才賺一千多萬，這跟她那些有錢有勢的同學、學長姐比起來，這錢真的很難賺，而她也真的委屈。她哽咽了，因為她辜負了父母親的期待，她只是一個努力要往上爬的長女啊，靠自己的力量。

有那麼多的勞動階級父母，有了個很會唸書的孩子，總希望他們能出人頭地，成為另外一種人、跟自己不一樣的人，別再跟自己一樣受苦了。王如玄受過那樣的教育，擔任過那麼多年的人權律師，我相信在她內心中，一定有過那麼一絲改變社會、改變我們命運的熱情與真心。

但如果改變自己的命運，與改變我們的階級處境有了衝突與扞格，我們究竟會選擇哪一個？一個出人頭地、榮耀父母的機會就在眼前，但給你這機會的，卻可能是改變我們命運的最大阻礙，你會選擇哪一個？很顯然，在投資軍宅與參選副總統這兩件事情上，她都選擇了改變「我」、而不是「我們」的命運。

至於律師與法律人的職業角色，在她幫黃世銘辯護或是提告關廠工人時，則是成了她在面對人生中的兩難時刻，以客體化之姿來隔絕自己與自己的選擇的工具。

「我」的越成功，曾經的「我們」也就越遙遠，這樣的王如玄，內心應該也有幾分的徬徨與迷惘，當我們不再是我們，我究竟又是誰呢？

經濟成長暴增中，只是GDP指數偵測不到而已！

臺灣的進出口大幅衰退，連帶使得第二季的經濟成長率表現欠佳，年增率僅百分之零點六四，遠低於政府單位的預估。

很多人對此憂心忡忡，因為我們早就都被說服，經濟成長率與我們個人的生計息息相關，經濟不成長，生活不會好。

也有不少人批評，現行的經濟成長率計算方式，與社會真實的經濟境況有不小的落差，進而提出修正的看法或建議。

不過這些修正意見加來減去，總也還是無法跳脫市場經濟一個最基本的核心：交易。有交易才有營業額、貿易總量、出超入超等等這些數字，也才有成長或衰退這些說法。

但沒有交易，是不是就等同於沒有「經濟活動」呢？這可就不一定了，有塊地可以種菜、種水果、養雞，有多餘的食材，再拿來和鄰居以物易物一點自己沒種沒養的農產品，藉此養活一家人的農人，他從事的，也是不折不扣的「經濟活動」，但他並沒有完成任何一筆（貨幣上的）交易，自然也就對「經濟成長率」沒有貢獻。

在二十世紀，討論上述說的情況，意義並不大，因為所謂的「現代性」，或是資本主義體系，首要目標正是在於把上述的化外行為，收編整併到這個「商品化」體系之中，而一個即將消逝、少數人心中的桃花源，又有什麼好討論的呢？

我們來看二十一世紀，這問題可能有截然不同的答案。讀此文的讀者，不妨先停下兩分鐘，想想你一天的活動，有多少是「不買也不賣、沒買也沒賣」就完成的呢？答案可能比多數人以為的，都要多得多。至少看天下《獨立評論》的讀者，就沒花半毛錢。你可能也寫過上千或上萬則臉書訊息，同樣沒人付你半毛錢；我們看過的YouTube影片，可能是來自三十五個不同國家的進口貨，海關從未從這些作品中，課到過任何進口稅；你可能在一個暑假就將《冰與火之歌》從第一季看到第五季，但是你家根本沒裝有線電視，當然更不可能是花錢買DVD來看。

那麼，這些沒有「交易」，自然也就沒有價格的活動，價值多少呢？這問題因人而異，沒有單一的解答。但任何有下載經驗的人應該都不會反對，要在一個月內，下載「市值」數百萬的軟體、電影、音樂、書籍、遊戲、或是電視影集等等，並不存在任何的困難度。

過去這些行為都被廠商形容為經濟或商業「損失」，但我們真真實實地享用了這些產品，卻是個鐵一般的事實，而且數量還在巨幅地增長當中。光是YouTube上的影音作品，任何人窮其一生都不可能看得完，而這最多每個月花你幾百塊的頻寬費用。這裡沒有交易，沒有成長率，但是「消費者」的福利卻是增加的。

讓我們設想一種情況：如果除了基本的生存需求，其他人類的需求，都由網路代勞了，而網路上的東西，樣樣都免費，這樣的經濟，還能成長，或說，還需要成長嗎？

對於月入20、30K的年輕世代來說，如果要花上數百萬的金額來從事娛樂、教育與聯誼活動，他們得存上幾年的時間來具備這樣的消費能力？可能根本一輩子都達不到。現在的年輕世代日子雖苦，但若我們拉長時間來看，他們獲得的資訊上的資源，輕易就是數倍於先前的世代，他們是免費資訊充裕的窮人。

這種「偷竊」與「禮物交換」模式交織混合起來的經濟型態，造就了這麼多資訊資源豐富的窮人，究竟是好是壞？這樣的發展趨勢，有其禍福難辨的兩面性。一方面，正如政治大學馮建三教授在多年前提出的「文化賄賂」概念，這些免費的網路資訊固然可能帶給使用者莫大的歡樂與滿足，但它也可能讓仍活生生生活在實體世界的工作者，忘卻了是哪個經濟體制造就了薪資的長年停滯、貧富差距的逐年惡化，讓真實世界的痛苦，變得不再那麼難以忍受，因而也就不願起身反抗。另一方面，我們也不能說，這種偷竊與免費志願交換，沒有為這個早已快被百年的商品化歷程所窒息的經濟體系帶來一絲的改變與顛覆。

某種程度上來說，這種偷竊與免費交換經濟越興盛，名目GDP應該會更難看（特別是當大家都用上班時間來做這些事的話），但這並不意味著人們實質享用得到的經濟福祉會跟著降低。

那麼，這一切對個人究竟意味著什麼呢？在我看來，當代人多了一項選擇，而我們應該妥善利用這個選擇：對於那些物質欲望不高、但是對文化與資訊作品有高度興趣與需求的人來說，這可能是一個最好的時代，GDP的增減，跟你的關係可能根本沒你想像中大，免費交換就能讓你過得富足又充實。至於那些認為實體物質的消費還是對生活至關重大的人們，也多了一個反思的機會：如果禮物交易式的經濟型態也能造就資訊產品供給與消費的爆炸性地成長，難道商品化的交易，就必然是人類滿足物質需求的唯一可能經濟型態？

即將來臨的大學教職十年寒冬
——實現世代正義，誰來做犧牲？

社會發展的世代不正義，是臺灣近幾年的熱門議題。簡單來說，世代不正義之所以會發生，是因為年長一代或兩代的人，吃太好、過太好、或是汙染環境，消費未來、債留子孫。

解決之道，自是要增進稅賦公平、修正傾斜的社會福利分配。一般認為，軍公教優渥的退休條件，是壓垮政府財政的主要因素之一，而軍公教人員，也經常被視為是反改革的保守族群。

不管是世代或階級間，臺灣都應該往更公平正義的方向前進，這一點不需要懷疑。但在往這個方向邁進的路途中，哪個世代、哪個族群將受害、得做出最大的犧牲，恐怕就不像表面上看來那樣簡單。

以大學教師退休辦法為例，政府研擬中的新制，可領月退俸的年資下限，將由現行的七五制，一舉提高為九〇制（年齡加年資大於七十五或九十）。這也就是說，如新法通過，國立大學教師的月退平均年齡將提高七點五年。晚退七點五年，就是少領七點五年的退休金，以大學教師的平均月薪來說，一個人頭就可為國庫省下數百萬的退休給付，不可謂不是一項重大的財政改革。

但多數的討論似乎都僅止於此——得付出代價的，似乎是那些已經得到大學教職，特別是那些希望早早退休的「既得利益」者。

但若我們進一步分析，無人退休就表示沒有職缺空出來（現在還在擴張中的大學系所已經很少了），這個沒有職缺的空窗期，至少會與新制延後退休的年限一樣長，也就是新制實施後七、八年的時間，才有辦法恢復人口分布退休的常態。

另外我們也不要忘記，下個學年度（二〇五學年度）才是少子化浪潮席捲大學教育的「元年」（明年屆齡十八歲的大學准新鮮人，將比前一年整整少了五萬人），按照教育部的估計，在未來十年間，大學教職員的人力需求將縮減一萬人左右（年減一千人，如果以教師與職員各半來算，也就是一年以約五百人的速度下滑）。而按照教育部的統計，這差不多已是臺灣的大學每年雇用全職大學教師的人數。

我們若把這兩個變數相加，這也就意味著，如果新制實施，制度面或許更為公平正義了，但未來十年間，可能是幾近沒有大學教職可找的十年。這對無意學術工作的人來說可能不是個問題，但對學院與研究工作有興趣與熱情的新科博士或準博士來說，這卻是一整個世代的失落，他們或將永遠被拒絕於學院之外（博士畢業十年很容易被嫌老了）。如果我們以年齡來推估，要付出這樣代價的，以現在二、三十歲的年輕人最有可能，他們不是年齡偏高的人，自然也不是既得利益者，但是他們將會是得為公平正義的改革付出最大代價的一群人。至於現在的國立大學老師們，表面上看來他們是被改革的對象，但他們付出的，也不過就是多花幾年時間在學校裡工作而已，談不上什麼重大犧牲。

而這也正是改革的弔詭與艱難之所在——主張改革者，經常不會是改革的受益者，甚至還得做出犧牲，真正從改革中得到好處的，可能已經都是下一個世代的人了（臺灣的民主改革，也是類似情況）。

這說來殘酷，但某個族群、某個世代之人，在臺灣當下的處境，幾乎已無可避免會是失落的一代。但並非無可避免的是，或許我們可以讓這種失落不再延續下去，那麼失落也就不至於墜落為虛無或荒蕪，至少未來，還有希望。

沒穿衣服的怎能算是國王？
——何不讓社會企業經營文創BOT案

臺北藝術大學電影系算是相當熱門的科系，每年總有數百名高中生報考。即便不看報名簡章，考生、家長、或是對大學入學方式感興趣的人應該都不難想像，想念電影系，高中時期若沒有拍過點什麼東西、講過幾個故事、或是其他足以展現你對影像的熱愛的作品，要獲得入學機會恐怕相當渺茫。

假設，要有一天，這電影系突然宣布，電影實則是個很花錢的工業，沒錢拍片，再有才華也沒用，所以入學標準將改為：家長資產超過一億元的高中生才有資格報考，其他條件則一概不論，不知考生與家長們將作何感想？

相信多數人會覺得，荒唐無比。學電影的機會，當然要留給有能力拍電影的人，不是有錢人。

如果我們都覺得前述的「假設」很荒唐，我們再回頭來看松菸或其他文創園區的開發與招標，不就是這荒謬邏輯的翻版，但我們卻視為理所當然——資本雄厚的企業或財團，是經營文化創意園區的唯一候選人。柯市長說，富邦不是形象很差的企業，這我們或許也能同意，但問題的關鍵，根本不在於富邦形象好不好，蔡明忠是不是好人，而是：一個想念文化或藝術科系的高中生，都得拿出他們過去的創作實績，才能得到大學的入學機會，一個從未在文化與藝術事業上有任何積極表現的企業，為何卻能拿下政府部門百億以上的文創園區大案？

近年文創園區的爭議，每每我們總在討論，開餐廳是文創嗎？臺灣大哥大是文創嗎？辦外國的動漫展是文創嗎？這一類的「定義」問題，然後幾乎無一例外地，陷入這樣的文創是否為國王新衣的辯論之中。

在我看來，或許我們應該更往回一步質問的是：沒有穿衣服的人，是怎麼當上了國王？股神巴菲特形象也不壞，但沒人指望他能經營夢工廠、皮克斯或是卡內基音樂廳。可怪的是，我們找來了蓋房子的建球場、搞金融的弄文創，然後再質疑他們掛羊頭賣狗肉，我們卻從不反思，本來就是賣狗肉的店家，為何被找來做了羊肉料理？

追根究底，我們都對一種邏輯深信不疑：營業規模很大的事業，只有財力雄厚的資本家才能經營或投標。某種程度上來說，特別是一般民間企業，這當然是個事實，買機器設備、營運周轉、或是發員工薪水，樣樣都要錢，沒錢就一翻兩瞪眼，其他都是多談。

但政府委託經營的事業，既有獲利以外的文化與社會目標，加上如果以過往政府單位對得標業者的「厚愛」，給了個幾乎是穩賺不賠的條件，同樣的條件，為何不能由社會企業或藝文團體來經營這些文創園區？

藝文團體的基因，不用任何的監督與督促，自然會以文化目標為優先考量，就跟建商優先想的是炒地皮、金融資本家優先想的是資本累積一樣自然。如果政府單位擔心藝文團體沒有經營能力，也可以考量這些年來新興的社會企業，既重視文化與社會目標，也關心企業能否永續經營。如果還是擔心這些社會企業規模太小，那也可以幫助小型社會企業組成協會或公會，共同來經營政府開發的文創園區。

至於資金問題，可以由政府來協助擔保或提供資金。這當然沒有辦法保證沒有風險，但我們可以確定的是，這樣的投資就算有損失，至少還是扎扎實實的文化投資，風險絕對小於官商勾結的利益輸送與資本家的淘空落跑。比較奇怪的是，前者我們連試都不敢試（應該也有不少讀者覺得我寫的是天方夜譚），後者的悲劇卻是一再歷史重演，我們卻依然對此深信不疑。

社會企業或非營利組織不能經營這類事業嗎？讓我舉兩個例子。曾是英超球隊的朴茨茅斯足球隊（Portsmouth Football Club）因財務困難差點破產，在地方政府協助下，球迷自組「龐培球迷基金」（Pompey Supporters Trust）接管球會、買下球場，化解了無球可看的窘境。

另一個跟文化事業比較有關的，則是經營《國家地理雜誌》與電視頻道的美國國家地理學會（National Geographic Society）。這個成立於一八八八年，已有一百多年歷史的非營利組織，全球有八百五十萬會員，是遠在社會企業這名詞發明之前就已存在的社會企業，製作出來的雜誌與電視節目品質遠高於多數商業與公共電視台。社會企業如果連這樣的跨國媒體都能經營得有聲有色，為何不可能把一個城市的文創園區經營得虎虎生風？

臺灣想讓文化成為一種事業，不能只有藝術創作者與創意工作者在作品上下功夫，創意與創作所鑲嵌的社會組織也必須有更靈活與創新的形貌與運作方式，否則，再好的創作人才與創意作品，都將被上個世紀的恐龍組織思維給拉回原點。

當然，這一切的前提是，我們真的在乎文創事業的本質與發展，而不只是讓有心人士以此為包裝，忙著炒地皮、開餐廳。

一個熱愛水貨的民族所將面臨的旱災

差不多二十年前，新竹一家有線電視業者，計畫推出國外行之有年的「分級付費」制度，也就是對電視節目需求不高的，只要訂閱基本頻道即可（或許是二、三百元），收視戶可以依照個人的不同需求，另訂不同的頻道組合。

此舉引來當地民眾的高度不滿，最後則是由里長率眾到有線電視公司門口抗議收場，分級付費並未真正實施。迄今二十年，臺灣仍未有任何一家有線電視採行分級付費措施。

當時的觀眾反對分級付費，自是憂心同樣要看一百個頻道，「吃到飽」合購只要月付五、六百，經過奸商打散分級的「包裝」，可能就得花上八、九百，甚至上千元，這是無法忍受的。

民眾的憂心不是沒有道理，但如果我們認定奸商必奸，那他們奸的方式就不會只有一種。這二十年來，有線電視頻道數一台都沒有少（應該是還略有增加），唯一改變的，是節目品質江河日下：電影台一部電影的年度重播率，從三十次提高到五十次；新聞頻道變成YOUTUBE＋行車記錄器＋超商監視錄影機的綜合體；電視台設備的數位化與轉高畫質，則是能拖則拖，拖到不能再拖為止。人人都說臺灣的電視難看，但我們繼續看，奸商這種奸法，我們就沒有意見。

ＮＣＣ要求，臺灣的有線電視業者必須在二〇一七年以前完成數位化與分級付費，多數的業者怨聲載道，疑心這樣的政策將導致營收顯著下滑。而業者的疑慮，恰好與二十年前臺灣觀眾的疑心相反：如果三百元就可以看基本頻道，還有多少人會額外花錢看品質不怎麼樣的電視頻道？對這些有線電視業者來說，每戶每月有五、六百元的營收，至少是比較穩穩當當的收入來源。

臺灣觀眾與電視系統經營者的這兩種心態加總起來，差不多也就是臺灣的電視產業走向死亡的不可解僵局，一個想低價吃到飽，一個覺得靠提升品質吸引觀眾不可能、不想幹。

網路、行動通訊、電視遊樂器等各種影音娛樂工具不斷推陳出新，本來就持續在侵蝕著傳統電視的總體收視率以及對應而來的廣告營收，而這塊越來越小的餅，分食的頻道卻越來越多。到了今天，每個頻道每個節目能分到的製作費用，只能用少到令人欲哭無淚來形容。有錢不一定有好節目，但是沒錢一定沒有好節目，這是影音產業的殘酷之處。臺灣的觀眾們別以為電視頻道轉來轉去盡是談話性節目，是因為本地觀眾多熱愛此類節目，更為根本的原因恐怕是，這類節目一套布景道具可以用上幾年，每個通告藝人發個幾千元，大家來聊聊天，就可以完成一兩個小時的節目，這應該是人類智慧所能想到最廉價的節目製作方式。但其結果呢，我們看的電視，跟二十年前比，幾乎沒有任何長進（如果不是倒退的話），原本在華語世界還有幾分領先的影視製作地位，也已經一點一滴地消耗殆盡了。

二十多年前，臺灣幾乎就有全球最高的有線電視普及率，但這早熟的產業所帶來的豐沛資金，完全沒有轉化為這個產業的競爭優勢，也沒有為臺灣的觀眾提供太多令人驚豔的影音服務。這當中原因當然不只一端，但是臺灣人只要便宜又大碗，卻不太管碗裡的東西有多水（某種意義上來說，我們還偏愛這種「水貨」），是一個最為關鍵也最基本的因素。這種現象在臺灣其實隨處可見，就像果汁含量百分之十五售價三十五元的果汁，硬是淘汰了百分百原汁售價九十元的鮮果汁；臺灣的大學大家只管學費不能漲，導致臺灣的大學學費與國民所得比幾乎是東南亞國家最低，但卻沒幾個人真正關心，學分超多、收費超低的大學課程究竟上些什麼東西（很多學生可能還希望，自己上的課越水越好）。

臺灣有線電視僵局的二十年，差不多也就是臺灣經濟開始停滯不前的二十年。這兩者並沒有因果關係，但有線電視產業發展發展的景況，卻是臺灣產業升級失敗最典型的範例。臺灣人愛用水貨的心態一日不改，臺灣的經濟型態就沒有開展新局之可能，而將持續乾旱的，也不光是臺灣的水庫而已，還有臺灣的電視產業。

臺灣缺少什麼樣的政黨？

國民黨在地方大選潰敗，保住國民黨唯一直轄市首長席次的朱立倫說，臺灣如果不希望兩黨政治被摧毀掉，就應該想想二十一世紀的政黨應該怎麼做。被指為敗選罪魁禍首的馬總統則說，「雖然這次選舉輸了，但是我們堅信國家總路線沒有輸，朝向自由開放的改革路線也沒有輸」。

我不是政黨理論專家，不太知道民主政治是否兩個大黨真為最佳狀態，無黨、一黨或是很多黨就會出諸多毛病。我有的是一點基本的邏輯概念：真要有兩個黨，那也沒有非其中一個必得是國民黨不可。

多數民主國家的兩黨政治，多半是左右派政黨之爭，一個偏左一些，一個偏右一點，左翼強調公平與正義，右翼重視自由與發展，彼此競爭人民的認同與信任。臺灣因為獨特的歷史與國家處境，兩黨的競爭還多了統獨與國家認同的爭議在裡頭，但是大體上來說，民進黨偏左一點（相較國民黨），國民黨明顯右傾。政治上的右派很不性感，但很實際，所以會大聲嚷嚷的人不多，投票支持的人卻是不少。

這一次，很顯然統獨牌不太有效，爭議的焦點回歸到傳統左右翼之爭的成分高了一些——權貴vs平民、國際競爭力vs貧富差距議題。當馬總統說，國民黨的路線並沒有輸，在這個時間點，很多人或許會嗤之以鼻。但是如果我們從「數人頭」的角度來看，或許馬總統說的也沒錯，臺灣人希望自己變得又富又貴，自己的小孩與公司超有國際競爭力的，可能還是多過對於抽象的公平正義的關注。

那麼，國民黨是輸在哪裡，國民黨又如何可能成為臺灣歷史上的一顆塵埃呢？國民黨是個右翼政黨無誤，卻是個壞的、過時的右翼政黨。馬總統只要一談到經濟議題，幾乎就是「自由開放」不離口，即便在選舉大敗之後也是如此，似乎只要「自由開放」，所有的政治與社會問題都會自然迎刃而解，在具體的施政上，這個口號又被更進一步地窄化為簽訂各種自由貿易協定、設置自由經貿區。

但是右翼政黨的走向邪惡與陳腐，關鍵正是在於把對自由精神之追求，等同於一味地強調自由放任。馬總統所主導的右翼國民黨，鸚鵡學舌般地複誦經濟學教科書口號，卻全然罔顧其與臺灣真實景況的落差。國民黨政府認為與中國簽了服貿與貨貿，與中國就有真正的自由貿易，卻罔顧中國對臺灣的政治企圖心，以及中國這樣一個威權體制政府，就算跟中國簽了任何形式的自由貿易協定，中國依舊不是個自由市場（如果是的話，那些大型台商又何必萬般討好中國政府只為了換取在中國經營的特權？）；臺灣的小老百姓為了買間房子，可能得拼死拼活才能湊得出買房的頭期款，大型財團的老闆們要炒房，卻可以百分百貸款、無抵押貸款，還能快速獲利出場，這又是哪門子自由開放的市場經濟？

真正的自由之精神，不是自由放任（laissez-faire），對於以強凌弱視若無睹，對於權力的濫用、經濟與政治權力的壟斷視為理所當然。美國一向被視為自由市場經濟的大本營，但在微軟這家私人企業於如日中天之際，美國政府還曾認真考慮要強制分拆這家美國市值最高的公司，原因無他，因為美國人相信，單一企業對於市場有過高的壟斷力，不利美國社會持續追求創新與自由之精神。

真正的自由開放，是讓一個社會中的個人選擇可以真正實踐、個體的才華可以充分發揮，每個人的言論自由與生命財產可以得到充分保障，而要做到這一點，絕對不是靠政府袖手旁觀、與威權體制眉來眼去、或是與大資本家官商勾結可以達成的。

一個大學畢業生，光還學貸就要耗掉他大半青春的社會，那來什麼自由可言？一個每月繳完房貸，可支配所得所剩無幾，買塊雞排來吃都要考慮再三的社會，哪來自由可言？一個在自己的國家實踐基本言論自由權利，轉頭就有可能被一個強權國家所制裁抵制或報復的社會，哪來自由可言？一個強徵民地頻傳，甚至鬧出人命的社會，哪來自由可言？

臺灣在過去十多年來，對於兩大黨都不滿意、期待「第三勢力」能夠出現的聲音不曾間斷，但是這些聲音中的多數，都是期待一個更「進步」，也就是更重視公平正義、更強調環境、性別與階級議題的政黨。就連國民黨這一次的敗選，也有人認為是國民黨不夠左傾，沒有聽見社會對於公平正義的召喚所致。

但在我看來，如果我們真心相信兩黨的相互制衡與競爭，有助於一個社會在自由與公平正義間求得某種平衡，成為並不完美、但為多數人所能接受的民主政治運作模式，那麼，國民黨的真正問題，可能不在於公平正義強調得不夠多（有其他的大黨與小黨都已經佔據這個位置了），而是馬總統領導的這個黨，在概念上就誤解了自由的真諦，在執行上更是偏離得天差地遠。

《富爸爸》系列叢書雖然不是我欣賞的書類，但是一個右翼政黨如果可以讓更多的人可以實現書中強調的個人財務自由，它很難不會是臺灣最受歡迎的政黨；教育改革不管怎麼改，如果真真切切可以讓更多的學子實現天賦自由，而不是少數政經資源豐富的家庭子女才有冒出頭天的機會，這個政權也就不會失去人民的信任。

國民黨的失敗，敗在它沒有扮演好新世紀右翼政黨的角色，沒有給人們真正的自由，只會跳針地重複自由開放口號。這算不算路線錯誤？我不知道；國民黨會不會倒？我也沒有很關心。我知道的是，臺灣有個很大的右翼政黨缺口，等著被填補，前提是，它得是個好的右派政黨。

理財觀念動態比靜態好

臺灣人很熱中投資理財，坊間教人如何投資的書籍、課程或是媒體自也是不少。投資理財的方法一多，我們也就很容易得到一種有點陳腐的結論：每個人都應該找到適合自己的理財方式。

這話當然沒錯。每個人的工作、財富、風險承擔度、對報酬的預期、對生活水準的要求皆不相同，沒有一種理財方式適用所有人。

但我們也常聽到，「人生多變」，那麼，在面對人生的不同處境時，我們是否也該有不同的看待錢的方式呢？這聽起來似乎也言之成理，但依我的觀察，多數人都做不到這一點。人有性格、有做事的慣性、有周邊人的目光注視的壓力，一旦我們建立起了一套「自己的」金錢的價值觀，它就會有某種慣性與惰性，要改變就不是那麼容易了。所以我們常看到，很省的人成了億萬富豪還是很省，原是大老闆的人破產了還是一樣揮霍，成家了的人還是跟未婚時一樣的花錢習慣而導致家庭失和。

在我看來，除了每個人應有適合自己的理財觀念，每個人在不同的時間點、不同的生命情境，也該有動態的理財觀念。這一點很重要是因為，我們應該讓財富為人服務，而不是讓寶貴的生命成為金錢的囚徒。

要做到這一點，就應該要讓理財的觀念，隨著生活與生命條件的演進而改變。舉例而言，最簡單而重要的一條便是：人們幹嘛要花時間，去賺這輩子根本不可能花到的錢？倒過來看，人生還沒走到終點，錢就花光了，可能是比有錢沒命花更大的悲哀。

正因為沒人可以預知未來的命運，對於財務規畫能有機動性調整更形重要。把時間花在累積自己用不到的財富，就是對寶貴的生命無謂的浪費。但真正能感知到這一點的人並不多，因為我們早就被這個體制洗腦教育成毫不懷疑地信仰：任何的付出只要有金錢的回報，一切就都是值得的。

這當中還有個很重要的原因是，我們其實也不太敢凝視與追問，無止盡的財富累積究竟有何意義？將這一切視為理所當然，或是將問題推給下一代——說自己一切的努力，都是為了孩子，某種程度來說，是面對這個所有人人生的難題最簡單的方式。

因此，一套動態的理財價值觀，實則也就是金錢觀與人生觀更有效結合的財務觀念。我們應該努力追問，如果溫飽已然無虞了（這個前提也很重要），人生究竟還有什麼值得追求的？我們還要讓對未來的不確定感，一輩子跟隨著我們嗎？還是我們可以克服這與生俱來的生物本能，為自己的人生創造更多可能？

馬克思曾經預言，在資本主義的最高階段，生產力達到一定水準之上，人們也就不用每天工作（或許一周只工作一天或兩天），而可以自由自在地從事創造性工作。因此，在馬克思的天堂裡，人人都是藝術家。

在二十一世紀的今天，某些社會、某些族群的財富與生產力，或許早已超越馬克思當年的預測與想像，但馬克思的天堂，似乎還不曾降臨人間，何以故？因為資本主義體制在創造財富的同時，也製造了恐懼，卻又消滅了意義的生產，為了這個體系的持續高速運轉，它要求人們得焦慮而又不停歇地留在為生存而戰的心理狀態。

有意義的人生理財觀，首先得戰勝這樣的恐懼。

炒房為何是不正義的行為？

最近幾年，居住正義的討論在臺灣漸漸熱絡起來，但在同一時間，想靠買賣房地產發財致富的人，似乎也沒有減少的跡象。這是說，地產投資客就不關心「正義」問題嗎？我想也不是，我相信這地球上的多數人，都不願意也不認為自己是站在不公不義的那一邊。

比較有可能的一種解釋是，地產投資客認為，自己從事的也不過就是市場交易行為，就跟買賣雨傘、皮鞋或是汽車沒什麼兩樣。至於居住正義，他們可能也不反對，不過，「那是政府的事」，一介小老百姓無能為力。

買賣不同的東西，是不是都無關「正義」，在道德與倫理上都是中性的呢？有些例子會讓我們知道並非如此，比方說，買賣毒品可能嚴重影響食用者的健康，甚至可能導致家破人亡，應該很少人覺得販毒與道德無關。

有人或許這樣的例子太極端，我們也可以把這樣的特例先擱置，來看看表面上似乎無害的地產交易，究竟和買賣雨傘或皮鞋有何不同。

諾貝爾經濟學獎得主、同時也是政治哲學家的沈恩（Amartya Sen）認為，人類活動的最高目標（自然也包括經濟活動），是要讓人們獲得實質的自由，以及因自由而來的良好生活品質。因此當我們評論一項人類活動是正義或不義時，可以以這項活動是增進或減損了自己或他人的自由來檢視。沈恩舉例，買了一件T恤，對他人幾乎沒什麼影響，因此可以說是道德上中性的；擁有了一支手機，別人可以打電話給你，雙方可以有更多溝通，彼此的自由都增加了，手機的買賣可能是增進人類福祉的，因而可以是正義的舉動；但如果買了一支槍，雖然從來沒用來射殺任何人，但卻因此對他人造成威嚇效果，限制了他人的自由，買賣槍枝也就是個不義的行為。

如果我們據此來檢視買賣地產的行為，可以發現買賣地產絕對和賣賣雨傘皮鞋是不同的。地產價格具有高度的連動性，你買了這雙皮鞋，並不會導致另外一個牌子的皮鞋跟著漲價，但這在地產市場卻是非常普遍的事情。屋價高漲，讓賣不起房子的人欠缺基本的生活保障，甚至是對基本人權的侵害，而沒有基本的生存與安全的保障，就談不上真正的個人自由。就算買得起房子，因為拿了過高的收入比重來繳房貸，可支配所得變得非常有限，也同樣大大減損了一個社會中人的實質自由。

這不僅是對他人適用，對投資地產的人本身來說也是如此。如果投資地產只是為了積累更多的財富，個人的自由卻沒有增加（而且還有可能是減少的），這樣的個人與社會生活形態是值得追求的嗎？

沈恩告訴我們，市場不是洪水猛獸，但也不是所有的市場交易都值得追求。有真正的自由，人們才會過得快樂，而不是一味地追求財富最大化。這道理雖然簡單，但是能真正體會並具體實踐的人卻不多。臺灣人如果不能看清這一點，國民所得就算趕上任何我們仰望的國家，幸福快樂指數也不會跟著同步提升。

如果我真的一無所有，只剩一間房

臺灣的房市在這一兩年雖然狀況不好，但是依我觀察，相信房市長期而言只會漲不會跌的人還是相當多，甚至可能還是主流。

會有這想法或信仰的人，多數是「過去經驗使然」，特別是過去十年的經驗。今天我沒打算全面的檢視這個問題，或是這不算長的歷史定律會不會被打破，我只想討論這當中的一個點：如果房市真能一路漲上去，誰將有錢買房子。

市場交易一個最簡單而基本的定律就是，有人要賣就得有人要買才行。現在我們先姑且不論是不是嫌太貴、不想買這種心理層面的問題，我們就只專注來談，有沒有錢可以買的問題。

房市只會漲不會跌的一大前提是，潛在買房者的收入也必須是增加的才行。在過去十年間，臺灣很多地區的地產都翻漲了一倍以上，至於薪資，大家都很清楚，不進反退超過十年的時間了。

這種悖反，帶來的是國民痛苦指數的節節高升。依據內政部的統計，去年臺北市的房價所得比已達十五點零一倍，貸款負擔率為百分之六十三點三七，已超過香港，世界最高。這也就是說，每一百塊的收入，有六十三點三塊得拿去繳房貸。

若為房產故，得縮衣節食，我相信很多人都是做得到的，少上館子、少買件衣服、不出國旅遊、電影用下載的即可，為了一個遠大的夢想，一切都是值得的。但是這種犧牲是否可以沒有上限？那可就未必了。

按照主計處的資料，在民國一〇二年，臺北市每戶家庭平均收入為一百五十七萬元，平均薪資收入則為九十四萬元。如果我們用這樣的數字來推估，也就是說，臺北市民每月平均得拿九十九點四九萬來繳房貸，剩下五十七點五一萬可以繳稅跟過生活，一家子一個月大概是四萬元的生活費。

四萬元夠不夠一個家庭在臺北市過生活自然是因家庭而異，但這數字不可能無止境地往下探底——飯總得吃、學費總得繳、基本的體面總是要顧，這是很簡單而且必然的道理。房價長線來說只漲不跌的「歷史定律」，背後其實隱含了很多前提——其中很重要的一個，是臺灣在戰後也歷經了差不多五十年的經濟成長與薪資增長。但很多人都忽略了，這個成長在十多年前就已中斷，我們只不過是拿更高的收入比例來填補這個空缺而已。

因此，要信仰房價會一路上漲，至少得先回答兩個層次的問題。其一是，短線上，十五點零一倍的房價收入還有無拉升的空間？這考驗的是臺灣人忍受痛苦的能耐有多高，能不能甘願成為有房之外一無所有的人。其二，則是要看臺灣人的實質所得能否有效地提高，有更高的可支配所得可以投資房地產。

要是你對房地產的後勢很樂觀，卻對臺灣人的國民所得趨勢很悲觀，那也只能套句柯P的話來說，很奇怪耶！

好代工不必轉成壞品牌

宏碁電腦的創辦人施振榮先生在臺灣是備受尊敬的企業家。連帶地，他提出的微笑曲線，認為臺灣的科技產業應該往研發與品牌行銷兩端提高附加價值的概念，也在臺灣被廣為接受，甚至被視為理所當然。

正因為如此，科技部長張善政日前關於「品牌行銷是砸錢的不歸路，不擅行銷的臺灣科技業未來要不要繼續打品牌戰，是一個大問號……」、「創新不一定要和以「臺灣品牌行銷全世界」畫上等號……代工廠專注的是把基本工做好，不是砸大錢做華而不實的廣告，只要代工規模做大，還是能獲利，只是這種錢賺得比較辛苦，因此企業要力尋可以更輕鬆賺錢的商業模式」的說法，才會引來廣泛的爭議與撻伐，似乎「很滅自己威風」，不配當科技部長。

但是在我看來，張善政講的，大體上並沒有錯。企業要花錢建立自己的品牌，無非就是希望自己的產品在消費者心目中有獨特的差異性，而且這樣的差異性會讓消費者優先選擇自己的品牌，並且付出比較高的價格，這樣的品牌才有意義。

反過來說，如果廠商廣告打了老半天，消費者選擇這個品牌的原因依舊是市場最低價，這時把營運費用花在行銷支出上，也不過只是徒然壓縮產品的獲利空間而已。很不幸的，這樣的描述，卻是臺灣很多代工轉品牌廠商的實況，這由許多品牌企業的毛利率遠低於代工廠商便可以看出端倪。

一個很簡單的道理是：一項產品從無到有，價值鏈中的每一個環節，不管是研發、行銷、生產製造、或是代理經銷，都可能因為提高了產品的附加價值而擁有高毛利，也都有可能因為附加價值有限而流血競爭。比方說，像是運動經紀人這行業，當然有人大可以把這工作當成不過是幫球員跑跑腿的行政庶務，但也有像美國知名運動經紀人波拉斯（Scott Boras）這種角色，可以幫資質中等的球員談成千萬美元的複數年合約。而有這種本事，他能從這些合約中賺取高額的佣金，一點也不令人訝異。

品牌有好品牌跟壞品牌，可以提高產品附加價值、因而提升產品毛利率的是好品牌，反之就不是一個有效的品牌。代工也有好代工跟壞代工，製程先進、製造工藝高超、供應鏈管理有效率，因而能夠提升產品獲利能力就是好代工，反之就是壞代工。

一家企業若原是好代工，卻轉去做壞品牌，這是愚不可及。一家公司若原有優異的製造傳統，又能依這樣的傳統建立起強勢品牌，這將是無堅不摧的競爭優勢，但很少有企業可以達到這樣的境地。

搞研發，要有創新能力；搞製造，要有規模經濟，或是工藝的門檻；搞品牌行銷，要能掌握消費者的需求與心理狀態。能在研發、製造、品牌行銷這些不同的競賽中掌握不同的能力，才有可能賺輕鬆的錢，若只是在價值鏈的不同環節中盲目地「轉型」，不管轉進何處，企業的艱困處境不會有所改變。

臺灣人，別選容易的那條路

稍早我寫過一篇文章，談度假打工的問題。我的主要論點是，度假打工沒有對錯，但若前去度假打工的人為的是「可以去別的國家看看」，不妨可以停下來想想看，以這世界之大，為何臺灣人老是要去開放度假打工的三兩個國家？

文章刊登以後，有讀者來函賜教，說我寫文章都不做點研究的嘛，不知道開放度假打工的國家就那麼幾個。這位讀者可能並未真正理解我文章的原意：只為了簽證方便，就投注了那麼多的青春在那樣的國家與工作，真的是值得的嗎？

全世界有那麼多國家都有臺灣人在工作與生活，他們因為不一樣的專業與機緣，靠著度假打工以外的方式，他們都留了下來。這些「其他方式」，可能大費周章，可能得來不易，但這也表示，前去這樣的國家工作或生活，可能對他們意義重大，值得付出這樣的努力來得到這樣的機會。

在這樣的畢業季節，學生也會來問我關於留學選校的問題。這年頭，學生之間流行把留學申請交給留學代辦申請，除了自己省下一些力氣，留學某些國家的代辦甚至是免費的，更讓很多學生趨之若鶩。我經常會跟學生們說，留學應該要自己申請，因為熟悉這申請流程，本身就是留學過程中的一環。更重要的是，「免費代為申請」一事，本身就有很大的問題。我們可以合理推斷，代辦業者既然不跟準備要留學的人收費，那自然是跟學生申請或是最終就讀的學校收費，換言之，這些代辦業者實則就是學校的業務代理商，他們真正關心的是學校的業務發展，而不是你的留學生涯。

這些留學代辦會優先推薦或說服你去念哪些學校呢？那自然是佣金高而非辦學好的學校。哪些學校給的佣金高呢？那自然是招生有困難、本身吸引力較低的學校。越是強勢，越是入學機會供不應求的學校，越沒有動機付錢請留學代辦招攬學生。這道理其實簡單明白，學生聽了我的建議以後，多半也覺得有幾分道理。

不過，他們中的多數，還是會去找留學代辦。前些年我對這種事還有點氣憤，覺得老師的專業分析，竟還敵不過商人的宣傳手法。但這兩年，我也漸漸明白了箇中緣由——就跟那麼多人跑去澳洲度假打工一樣，這是最簡單的一條路，不需要多花力氣與腦筋，也就完成了出國的「夢想」。

但是走這種容易的路，並不會讓自己的人生變得更容易。跟留學要花的時間跟金錢相比，申請跟選擇這種事要花的精力根本無足輕重，我們為何要將這麼重要的工作假手他人？度假打工也是一樣，二字頭的青春如此寶貴，為何要草率投資在只因為簽證能輕易取得的國家？

這種走容易的路，對臺灣影響深遠。在過去二、三十年間，臺灣的產業發展老想著前進大陸，把中國市場等同了國際市場，忽略了產業創新，不也正是因為只想走一條容易的路，於今卻開始展現種種的負面效益？
臺灣人要改變當下的處境，要先從勇敢地走一條不那麼容易的路開始。

沒有第二個蘋果

臺灣人一向有種很怕被邊緣化的傾向，大學要念熱門科系，就業要投身熱門產業。至於很熱門、很主流適不適合自己，很少細想。

十年前生物科技系所超熱門，現在的生技產業畢業生則是超難找工作。日前《財星雜誌》（Fortune）網站引述市調研究機構Canaccord Genuity的研究指稱，蘋果的iPhone手機獨占了智慧型手機市場百分之九十一的利潤（雖然市場占有率只有百分之十七點二），手機二哥Samsung市占率百分之二十三點九，營業利益則是手機市場的百分之十四。兩家公司合計的獲利率就已超過百分之百，原因是緊跟其後的智慧型手機公司，雖然也都是知名度很高的企業，像是HTC、Lenovo、SONY與微軟等都是虧損，黑莓與LG則是勉強損益兩平。

在多數人的心目中，手機產業不也是個「熱門產業」？臺灣投入這個產業的工程師們爆肝、乃至過勞死的事件也是時有所聞。我們不禁要問，一國之菁英，不眠不休投入的熱門產業，全球為何竟只有兩家公司賺錢？

有人或許會說，蘋果乃是極端特例，其他領域便未必如此。說所有的產業皆是這樣，或許太過誇大，但蘋果絕非唯一或最極端的例子，像在搜尋引擎領域，Google便幾乎沒有競爭對手，第一名以後的排名便不具實質意義。

這類的「贏家通吃」產業，強者越強，弱者越弱，如果沒有辦法搶占產業的前幾名或甚至是首位，幾乎就只有退出市場一途，沒有中間地帶，也沒有「利基」市場。而在所謂的全球化與網路化的世界裡，這樣的市場只會越來越多。

但要成為市場領導者，需要很多條件，包括企業的資源、技術的實力、產業生態系的奧援、國家與語言的優勢，以及，好運氣，好時機。

這種策略上所需要的思維，後見之明看來都那樣簡單又明瞭，很多人搞不好還會嘲笑那些不自量力，死在沙灘上的二、三線挑戰者。

但我們若看看當下，有多少的父母，都還在建議甚至強迫自己的子女要讀熱門科系？有多少的企業，都還在宣稱要打造自有雲、自己的作業系統平臺，不管他們在主流市場的相對地位究竟是如何？

緊跟潮流、追隨主流，向來是臺灣人不太質疑、甚至視為理所當然的人生態度與經營哲學。這種態度與哲學有時可能也很對，可以得到一些好處，特別是緊跟領導者的腳步還是有飯吃的時候。

臺灣的困境在於，這個世界已經改變了，有越來越多產業的追隨者是沒有飯吃的，你得自己開創一個產業、一個潮流，或是成為產業與潮流的領頭羊才有飯吃，但我們的腦袋，多半還是停留在「想辦法跟領導者一樣」的這種思維。但我們應該都不能理解，當最高目標只是和別人一樣，結果是絕對不會一樣的。

眼前有兩條路，我們該不該走人煙稀少的那一條呢？在我看來，那得看人多的路上，都是哪些人，人少的路上，你是否又能不畏人言，勇敢地走下去。

更重要的是，別再想當第二個蘋果了。

臺灣人才外流，真的嗎？

最近幾年，臺灣很流行一種說法，說臺灣薪資停滯、就業環境不好，導致人才大量流失海外。這種說法隱含了兩種意義：一是外流的人才比以前多，二是人才外流對臺灣不好，臺灣人應該盡量留在臺灣。

在我看來，這兩種說法與看法，不能說全錯，但也大有問題。

最早說出臺灣人才外流嚴重的，應該是臺大這些所謂的頂尖大學，他們認為臺灣的教授薪水太低，無法跟國際一流大學競爭，很多他們想要的人才，都被其他國家的大學「攔胡」了。這些說法表面上聽來頗有道理，臺灣大學教師的薪資水平遠低於香港、新加坡以及美國也是事實，但另一個沒有被說出來的事實是：臺灣的教授薪資遠低於這些地區，可不是從最近才開始的。

早年臺灣的留美學生，他們學生時當助教的薪資，有時甚至還高過學成返國當臺大教授，但還是有很多人選擇回到家鄉。三、四十年前唸完書留在美國的人更多，但不一定純粹是為了賺更多錢，而是因為臺灣的政治壓抑、覺得臺灣不安全、或是在美國有更多的機會發揮所長。

跟當年相比，想回臺灣發展的高教育人才只會多，不會少的，所謂的人才流失論，只是這些大學為了爭取經費創造出來的「故事」而已。香港與新加坡的大學教師薪資遠高於臺灣行之有年，多年來也一直有臺灣人在這些國家任教，但他們的大學為數甚少，真正能聘僱的大學教師人數其實有限。

另一個更關鍵的問題是，人才跑光光的確大有問題，但人才不流動的問題更大條。

不可否認的事實是，在尖端科技與進步觀念的研究與實踐上，歐美日等國都還領先臺灣一截，有臺灣人在這些國家的大學或產業界工作，對臺灣本身絕對不會是件壞事——有合作的機會，人們總是自然而然會想到自己的故鄉；在這些國家工作個幾年，想家了想返臺，或是純粹想報效祖國，他們也會將這些技術與觀念帶回臺灣來。臺灣科技產業的發展，就和有矽谷經驗的人才返臺創業有很密切的關係，我們不能只看到返臺為國貢獻這一段，忽略了他們的矽谷經驗的重要性（但這段期間，不就是「人才外流期」？）。人才若都不外流，這些機會也就都沒有了，對臺灣反而是更大的危機。

我們真正不應鼓勵的，反而是年輕人一窩瘋地想到國外「度假打工」。年輕人想要到世界各地多走走看看本不是壞事，但找個有勞力缺口的國家就成行，其實是選擇了一條簡單的路走。這種人才「外流」經驗，不管是對出國工作的當事人或是臺灣的未來發展的助益都非常有限。

簡單來說，人才外流論，實在是一個太過空泛的說法。臺灣人若能在世界的任何角落有適才適性的發揮，我們都應該給予祝福。從臺灣這塊土地的角度來看，健康而適度的人才外流，實則也是臺灣未來進步很重要的動能，而我們應該也用同樣的角度來對待外來的移民。

至於當下的諸多人才外流論，多半只是一些沒有根據的說法。

多點長期思考是唯一的出路

臺灣的經濟出了問題，已是毫無疑問之事。除了全球整體經濟景氣欠佳的因素，臺灣的產業體質顯然也出了很大的問題。

這當中最重要的一點，產業創新與升級轉型失敗的問題，其實早已一再被提及，只是怎麼具體落實，我們的產官學研卻顯得一籌莫展。

日前有個小型的調查，問那些不太怎麼投入研發經費的廠商，為何不願意在創新研發上進行投資?他們清一色的答案幾乎都是說，我們不是不願意啊，是找不到研發人才。

就讓我們從這一點開始談起吧。要有研發人才才能進行研發，表面上聽來相當合理。但在骨子裡，這些企業主們期待的，都是今天我聘進來了所謂的人才，明天他們就能有具體的研發成果可以貢獻給公司。

但若是抱持著這種想法來找研發人才，那其實不是臺灣沒有研發人才，而是全世界都沒有研發人才。

有個現成而可用的先端技術在手的人才，他們的技術可以在市場上待價而沽，或是自行創業，在多數情況下，他們根本不會選擇帶槍投靠一家沒有技術的公司。

一家企業要聘用研發人才，要看的應該是他有沒有研究探索的精神，以及該領域的基礎背景知識，而不是他有沒有現成的技術能力。讓這些研發人員一步步地摸索，找出一家公司未來可能的產品方向與技術，這才是真正的企業研發投資。若不這樣想與這樣做，那就永遠也只能抱怨市場上沒有研發人才，或是嫌棄學校教出來的人不能用。

日本的大型企業在雇用新人時，經常都要培訓幾個月才讓他們真正上第一線工作。因此在日本的企業文化中，他們也不那麼強調科班出身的重要性，因為他們認為企業有投資培訓員工的責任與義務。

在臺灣，我們要求的多半是「即戰力」，很多企業甚至根本不用大學剛畢業的新鮮人，期待別的公司幫自己培訓員工。這種想法與心態，對一般行政、例行性工作或許還勉強可行，但對研發工作來說，簡單一句話，沒有這種事。

今天投入一點點，希望明天就可以有產出，這正是臺灣產業發展無法更進一步升級的根本原因。速成的心態，造就的終究會是淺碟式的、沒有進入門檻的產品與服務。過去我們以彈性、快速應變見長，但這一招很多國家的企業也都學會了，甚至比我們做得更好。我們產業想轉型，但我們的心態與文化沒有改變。

長期的規畫與投入，臺灣的企業向來很不習慣，但這是我們唯一的出路。不光是創新研發如此，臺灣人的企業經營一向看短不看長，在策略面，只求緊跟市場領導者的腳步，不圖提出自己對未來世界的看法與主張；在行銷面，務求C/P值高過競爭對手，把削價競爭當成第一手段而不是逼不得已的最後手段，至於流血競爭對品牌形象可能造成的傷害，則是很少納入考慮之列；甚至要不要跟極權政府打交道以換取商業利益也是如此，明知長期而言對企業與國家都是毒藥一劑，先賺先贏的企業還是所在多有。

現在臺灣經濟的狀況並不好，再戴著鋼盔往前衝也未必有什麼好的結果，但這反而是我們慢下來，調整我們看待產業與行進步伐最好的時間點。臺灣是有人才的，要給他們時間、給他們資源，給他們犯錯的機會，這才是搞研發。

接力賽可以一人跑完一圈嗎？

田徑比賽的接力賽跑，四個選手的實力一定不太一樣。實力好的選手如果早點接棒、晚點交棒，拉長跑步的距離，理論上來說對自己的團隊最有利。但是田徑賽事有競賽規則，必須在二十公尺接力區內完成傳接棒，否則就算是違例，將要被取消競賽資格。這也就是說，跑得再快、耐力再好的一棒，最多也只能跑一百二十公尺。

企業與政治圈也是這樣，幹得好的就幹久一點，不太罩得住的就早點下台，大家視為理所當然。但是企業與政治圈和接力賽跑的差別在於，接力有上限的規定，企業與政治活動沒有（除了同一職位有任期限制）。最近宏碁董事長施振榮回鍋擔任董事長、民進黨的老將游錫堃、呂秀蓮則是積極爭取台北與新北市長的政黨候選人提名，引發了臺灣對於接班問題的諸多討論。如果我們用接力賽來比喻就是：自認跑得快的選手，可以自己跑完一圈嘛？

規則上沒有說不可以，那些手上一直拿著棒子不肯交棒的人說，他們有證明跑得比我快嗎？如果沒有，何不讓我多跑一會兒呢？即將代表民進黨參與新北市市長選舉的游錫堃就說：「選舉應選有經驗、能夠實實在在做事的人，才是最重要的」；正在爭取台北市市長提名的呂秀蓮則表示：「薑是老的辣……若要找年紀輕的人，不然我們從幼稚園裡面去找好了。」

規則上沒有說不可以，選手過去又有傲人的實績，對於勝利是唯一考量的人來說，這似乎沒有什麼不妥之處。但是對多數人來說，儘管他們也在乎勝負，但總覺得「怪怪的」，但是怪在哪裡呢，卻又未必說得上來。

在我看來，這怪異之感，來自於這種跑法就算能贏，也是一種「無法帶給人們希望的勝利」。人間多苦難，工作多煩憂，讓人們覺得此時此刻的現狀，乃至此生此世的現世是可以忍受的，正是因為人們相信，有了我們的堅毅與努力，熬過當下的艱辛與苦痛，明天會比今天更好，下一代會比這一代更幸福。

老將一人獨跑一圈，等於是在對我們宣告：最好的也就是這樣了，何必換人？這種強烈的現世主義，如果是在太平盛世，問題倒也不大，誰不希望盛世可長可久呢？

但是當下的臺灣，不管是產業或是政治，顯然不是處在這樣的境地之中。我們的經濟悶，政治也悶。沒有希望，這樣的現實也就難以忍受。我們的產業需要轉型，我們的政治需要開創新局，光靠老薑能不能做到這一點，很多人心中可能都不無疑問。

接力賽為何一定要接傳棒？因為接傳順不順本來就是訓練與欣賞的重點，不然徑賽只要有個四百公尺短跑也就行了；政治與企業為何要讓我們看見新面孔？這不是關乎年齡，當然也沒人可以保證換人接班結果一定比較好，而是如果我們不能對未來與下一代懷抱信心，所有的現實，都將變得無可忍受。

如果基本工資變成48K

眼看選舉在即，大勢又對其不利，過去對基本工資錙銖必較，連一顆滷蛋的漲幅都要琢磨許久的執政黨。突然之間就「慷慨」了起來，有立委連署提案，要將基本工資「大幅」調高到24K。

此議一出，馬上就有人跳出來說，此乃媚眾討好，一切只為了選舉，將影響臺灣經濟至鉅云云。

立委是為了選舉，這自然不在話下，但這對經濟有什麼影響？學界雖然對基本工資的研究很多，但在臺灣的經濟實務上，實則未曾「有痛有癢」地大幅調漲過基本工資，因此這些所謂的影響，並不曾在臺灣真實出現過，而只是臆測與推論。

可能悲劇但非結局

既然是推測，我們不妨勇敢一點，用「誇張」一點的數字來設想一下，如果基本工資一口氣調高到孫大千委員提案的兩倍，48K台幣，究竟會發生什麼事？經濟專家的推測通常是這樣的：大幅調高基本工資，將會讓企業營運成本大增，不堪負荷的公司將會倒閉，導致失業率升高、企業出走，而還做得下去的廠商，也不得不調高產品售價，最終造成企業、消費者與受雇者三蒙其害的悲劇結局。老實說，作為一個商管學院畢業生，我也覺得出現這種悲劇的可能性不小，但這會不會是「結局」呢？那可就不一定了。

這個世紀到目前為止，歷經了兩次全球性的金融危機，規模都大得嚇人，牽扯到幾百億、幾千億美金的虧損。那些反對資本主義的人，都咒罵那些亂搞、胡亂設計衍生性金融商品的資本家、華爾街投機客，然後說，資本主義就要完蛋了。偏偏資本主義自我修補、自我療癒的能力超級強大，現在的資本主義不但活得好好的，全球很多重要股市還頻創新高，連臺灣都要逼近萬點的高峰。

廉價勞力難推創新

我可以跟各位保證，那些引發全球金融危機的金融發明，絕對要比調漲基本工資到48K還要誇張很多，甚至已達離奇的地步。那為何我們覺得，調漲基本工資要真的有事，資本主義就無法打斷手骨顛倒勇，更加繁榮興盛呢？臺灣產業的創新轉型遲緩，很重要的原因，不就是過度仰賴廉價的勞動力，一舉調高基本工資到48K，或許正是一次淘汰附加價值過低產業，讓臺灣可以邁步向前的絕佳契機，而人們的收入大增，不也正好有錢來買高附價價值的產品，最終是企業、員工與消費者三贏的喜劇結局。

說穿了，金融資本家可以肆意地實驗「金融創新」，倍增基本工資卻被認為試都不能試，兩者的差別，可能只在於前者有政府拿納稅人的錢來收拾爛攤子（就連臺灣的兩家壽險公司倒閉，都花了我們六百多億台幣），後者倒楣的還包括企業而已。

因此，除非我們就大方承認，資本主義的療癒效果，就是資本家限定而已，要不然，48K的基本工資實驗，又有什麼可怕的？

社會多元，有時候

關於《獨立評論》獨立與否的評論

中研院副研究員黃丞儀所寫的〈立法院應立即彈劾馬總統〉一文，於《天下雜誌@獨立評論》上線後又被下架，在網路上引起了廣泛的批判聲浪，質疑《天下雜誌》為了馬習會，限縮言論自由的空間。後來網站主編發給作者群的信，邏輯牽強，說法沒有可信度，更為此事火上加油，引發專欄作者群集體退出供稿行列。此事應已為《天下雜誌》與《獨立評論》的公信力造成莫大的傷害。

下架既已為事實，且與該網站揭櫫的精神並不相符亦是事實，但《天下雜誌》為何如此處理此文，各方卻有相當不同的看法。在我看來，最關鍵的因素之一，可能不是如多數人所猜測的，天下媒體集團的編輯團隊或管理階層是為了討好或怕得罪中共或臺灣當局所做的決定，而是這個《天下雜誌@獨立評論》的組合，多數人認識與認知它為《獨立評論》，但實則自二〇一五年年中開始，它可能自覺或不自覺地、自願或非自願地，更接近@之前的《天下雜誌》，而非@之後的《獨立評論》。

如同很多人所知悉的，《獨立評論》是由前《中國時報》副總編輯何榮幸，在離開中時轉任《天下雜誌》總主筆後創辦的。何榮幸是學運世代出身的新聞工作者，記者生涯關切的主題大半也跟社會運動、社會改革等議題相關，其所累積的人脈也泰半集中於此類族群。

至於《天下雜誌》，是臺灣最老牌的「財經」雜誌，報導向來四平八穩，編輯眼中分量不夠的人物通常上不了雜誌。至於寫作的風格，也在老派新聞學訓練的規範下，總是力求「平衡報導」，廣納各方意見。原本這對財經雜誌要建立「權威性」來說，其實是極大的優點與優勢，但在網路時代，此類文章卻顯得「沒有觀點」，有說等於沒說，不容易在轉貼是最大流量來源的引爆趨勢戰中勝出。

何榮幸加入《天下雜誌》成為高階主管，已是個異數（天下高階主管多為老天下人，而且幾乎都是女性），《天下雜誌》的發行人殷允芃答應讓何榮幸創辦《獨立評論》，則是個奇蹟。我們不要忘了，財經雜誌先天的DNA是右傾的，社運人士十之八九是左翼分子（至少也是自由主義偏左），兩者要冶於一爐，本來就是個超高難度的特技表演（看過《獨立評論》文章出現在《天下雜誌》首頁的讀者，應能感受那幾分違和感——右邊談IBM的發展策略，左邊說資本主義的崩解危機），加上殷允芃行事低調，向來以不引起爭議為最高指導原則，但評論如果真要獨立又有影響力，又怎可能沒有爭議？

我並不清楚何榮幸在天下任職期間，他如何或多頻繁化解了來自媒體老闆對於爭議的焦慮與憂心，或他是否也為了化解老闆的焦慮與憂心，做了多大程度的妥協與調整，但這是他自己創辦的媒體，他自有責任要做這件事。

數個月前何榮幸離開了《天下雜誌》，計畫在年底創辦自己的新媒體網站，《獨立評論》則由平面媒體出身的資深編輯接手經營。傳統媒體出身的資深天下人，他們與社運和「進步」知識分子過往的交集不多，卻對老闆的憂心太過謹慎。而這次下架事件，依我的揣測與理解，應該就是資深天下人過度回應了老闆的憂心與焦慮，卻又沒有足夠的社運圈內「社會資本」來折衷妥協這群作者所導致。換句話說，這個事件，是組織文化與發展策略扞格所帶來的技術性失誤，大過意識型態或言論檢查的考量——如果我們用《天下雜誌》的標準來看，不得罪人其實是普遍性而非針對性的。

事件發生之後，我也被不少人問到，我是否要繼續為《獨立評論》寫稿？我的看法是這樣：《獨立評論》處理此一事件的方式，確實有疏失又欠缺智慧，但讀者不妨也可以回頭檢視看看，長期而言，《獨立評論》的言論空間與臺灣幾個主要媒體相較，究竟是更開放多元，還是更偏狹媚權？往前看，何榮幸離職後的《獨立評論》，是否會跟原來的《天下雜誌》文化更為融合，走向溫良恭儉讓的老路？

殷允芃讓《獨立評論》在這幾年能這樣「冒險」，其實已是需要莫大的勇氣。重回《天下雜誌》的老路，對她來說可能反而是最簡單又安全的選擇，畢竟這是一個全無營收的網站。但對臺灣的言論空間來說，這未必是一件好事。獨立評斷當然並不完美，但如果我們把媚俗、媚權、媚中、媚財團、或是媚藍媚綠等指標合而觀之，我還寧願相信，在現有的媒體平台中，《天下雜誌》是《@獨立評論》較好的經營者。

自然，這當中，讀者的判斷與選擇是最關鍵的，我們究竟是要鼓勵與監督一個更獨立的《獨立評論》，還是將《獨立評論》嚇回《天下雜誌》的老路呢？

產品、商品與作品——李仁芳教授的《巷弄創業家》

在中文世界裡，對很多人來說，產品、商品與作品是三個可以相互替換著用的詞語。但若我們把這三個詞彙放到不同的社群或產業脈絡中來檢視，它們之間可相互流用的程度就大不相同。比方說，對藝術家而言，將他們的作品稱之為產品或是商品，他們可能視之為冒犯或侮辱，對部分新聞工作者與學界人士而言，將媒體產品定位為商品，則是媒體沉淪墮落的首惡。

如果我們從臺灣產業發展的歷史軌跡來察看，看到的可能又是截然不同的「三品」間的關係。臺灣的產業型態，從戰後的加工出口到九零年代的科技產業，雖然技術層次高低有別，沒變的是，我們一向認為自己做的是產品而非商品。數十年間，臺灣廠商擅長的是產業價值鏈的上游，研發、製造等等環節，下游的行銷、顧客服務等商品化的區塊，則大半是歐美日企業的天下。

當我們面臨了瓶頸，臺灣企業的進化，一度很有社會共識地被認為是要擺脫代工宿命，建立起更有主導性與自我性格的自有品牌。

而今天宏碁、宏達電這些曾經是臺灣品牌大廠的企業走下坡了，不少人認為這證明臺灣的企業終究不諳行銷策略、品牌經營。但在我看來，這理解未必正確。

所有蘋果公司在行銷上做過的事，以臺灣行銷人員的聰明才智，要如法炮製一番，甚至在廣告創意上更勝一籌，都不會是沒有在市場上一搏的機會。

真正更接近問題關鍵的可能是，當我們努力打扮，要讓我們的產品，成為更有賣相的商品時，蘋果這個等級的企業，卻已在思索與淬煉，如何讓自己的商品昇華為作品。

商品與作品最明顯的落差在於，acer與HTC在各自的領域，實則也是大家都聽過的牌子，只是人們願意為這個品牌多付出的金額非常有限。而作品，就如同蘋果的系列產品，是用以仰望、用以投注熱情，是創作者編碼而顧客解碼這個智力與美學遊戲的中介物，而這樣的狀態與這樣的過程，並不是行銷一詞所可以含括。

在一個意義與符號消費的社會，商品打敗不了作品，因為商品只能提供C/P值與差異化定位，此外空無一物，但顧客要的卻是消費過程帶來的自我實踐感與超越感。但在臺灣，真正認識到這一點的人還不多。

臺灣產業當前的困境，有人認為是商品化的行銷與品牌經營做得不好，因此品牌的概念與手法要深化；等而下之的，則是說商品的經營管理不是臺灣人能做的事，我們應該要退回到我們最熟悉擅長的產品製造老路上。

臺灣的商管學院，關注的幾乎也都是產品與商品的發展與經營，至於關心作品的藝術與人文社會學院，往往又有著難以言喻的反商品化情結，這其實是臺灣產業研究與教育莫大的侷限之所在。

李仁芳教授大學念的是理工科系，後接受正統企業管理教育，又於商管學院任教四十年，是早為人熟知的產品與商品研究專家。但李教授興趣廣泛，雅好文藝，應是唯一寫過《中國時報》副刊「三少四壯」集的商管學院教授，自有其「於無聲處聽驚雷」的對作品的敏銳與對臺灣產業前途的關懷。其新著《巷弄創業家》，便是這樣一本關注臺灣作品的著作，值得關心臺灣產業與生活樣態未來的讀者一讀。

當中產階級覺得自己是勞工了

臺灣的《中國時報》在二〇〇七年曾做過一項調查，有百分之六十四的臺灣人自認是中產階級。老牌工業國家英國每年都做類似的調查（British Social Attitudes survey），二〇一三年的調查結果則顯示，英國人有百分之六十自認是勞動階級，跟一九八三年的數據相比，幾乎沒有任何變化。

英國在這三十年間，產業外移比臺灣還嚴重，整個國家還留下來的製造業非常有限，對應的工作與生活型態也有了非常大的改變，但在主觀上，英國人「不願意」承認自己是中產階級。

兩個調查對比的有趣之處在於，應該沒幾個人相信，製造業比重高於英國、國民所得低於英國的臺灣，「真正的」中產階級比例會高過早列已開發國家的英國。

既然是主觀認知的調查，最合理的解釋自然是：英國人自封為勞動階級，自我感覺比較良好，臺灣人死命也要晉身中產階級，免得覺得自己很悲慘。

一種我們並不少見的工作與生活情境，可以讓我們理解這種主觀性怎麼來的：一個在信義計畫區的科技公司上班的總機，月入兩萬八，穿套裝，工作有冷氣吹，午餐或許得吃一百六的美食街套餐，下班後回到土城的租屋處雅房，卻得煮泡麵來平衡一天的飲食開支。至於衣櫥裡，除了三套上班用的套裝，全是穿了三年以上的舊T恤。這樣的她，究竟是中產階級還是勞動階級呢？

在我看來，臺灣正在歷經關於這個問題的感知上的微妙變化。

如果我相信明天會更好，今天還不是管理階層，但我自信總有一天我會是公司的經理人；今天還買不起房子，但我相信，就跟我的父母一樣，總有一天會買得起，那我就比較能相信，所有跟中產階級有關的工作、生活、消費與文化想像，是跟我有關的一件事，我是這個「想像的共同體」的一份子。

但如果薪資不漲、貧富差距加大、產業前景堪慮、職位與薪資的提升幾近絕望，最好的明天也不過就是跟今天一樣，在這樣條件之下，就算為自己灌了再多的迷湯，一個工作者或許也就將開始覺得自己是個勞工了。

大老闆們「先求生產再來講分配」、「把餅做大對所有的人都有好處」的訴求，這些過去對很多受薪者頗有說服力的說詞，於今聽來覺得刺耳的人卻越來越多，關鍵正是「生活在他方」（life is elsewhere）的階級轉換想像越來越遙不可及。

那麼，成不了中產階級，意識到自己不是中產階級、或是不想成為中產階級，究竟意味著什麼呢？英國的經驗告訴我們，不能或不想成為中產階級，或許不是那麼負面的一件事。

許多英國人收入與工作型態都「中產階級化」了，在自我認同上，他們仍自認是勞動階級，因為勞動階級：聽起來比較酷。中產階級聽來拘謹，啤酒最多喝兩瓶，為了升遷對老闆唯唯諾諾，上班沒事還得裝有事，人生乏味到可以直接填滿未來二十年的行事曆。勞動階級聽起來就是靠自己的勞力換口飯吃的硬漢，明天的事留給明天去煩惱，不需要靠五張保單來確保明天會更好。生活不在他方的的勞動階級，有他們自己的階級文化。英國在全球廣為流傳的搖滾樂（像是披頭四）、電影（像是《舞動人生》（Billy Elliot）或是大導演肯洛區（Ken Loach）的電影）、足球與酒吧文化等等，實則都是勞動階級文化的產物。

相對來說，勞動者的生存處境，在過往我們的文化產製中，要不是以亟待擺脫的負面意象出現，就是根本是被視而不見、略而不談的社會經驗（臺灣拍了那麼多偶像劇，哪一部呈現了台北上班族的真實樣貌？）。

生活去不了他方，我們沒有道理不能在我們之間，找到產業、個人發展與心靈安頓之所在。哪天百分之六十的臺灣人也覺得自己是勞動階級了，那會是一個更自在、更能面對自己的臺灣與臺灣人。

活在歷史中的媒體

照理說，媒體無可改變的基因，應是無止盡的追求新鮮事物。因而在新聞圈，才會有「狗咬人不是新聞、人咬狗才是新聞」的說法。

但這種新，可能只是表象而已。在臺灣，活在歷史中的媒體，一點也不少見。我舉幾個最近的例子。

國中會考成績剛公布，媒體照慣例，又把報導的焦點放在哪個學校的哪個學生考了滿級分。但臺灣十二年國教的實施、會考制度不再詳列學生分數的目的，不就是為了避免分數主義的迷思嗎？

臺灣過去十多年來的高教發展，忙著追逐所謂的國際頂尖、世界排名，已對臺灣的大學教育造成莫大的傷害，與學生學習脫鉤，與臺灣的產業發展脫節。就連過去主導此一走向的教育部，都已逐步改弦易轍，不再把大學排名視為大學辦學良莠與否的唯一指標。但我們的媒體，似乎對各種大學排名的升降興致不減，哪個學校進了什麼榜，哪個學校又比去年倒退了幾名，依舊是媒體關注大學教育的焦點。

明年又將是臺灣的總統大選年，照理說，誰有興趣要選，媒體就報導誰，這很合理。但臺灣媒體的特異之處在於，那些根本還沒有說要選的，而且已經是歷經幾次選舉失利、得票奇低的政治人物，我們的媒體依舊每天忙著猜測他們會不會出來選。但在三一八學運之後，社會的氛圍不是多鼓勵年輕一輩站出來的嗎，為何到了選舉時期，媒體又圍著這些早已過度消耗其政治資本的人物打轉呢？

有人或許會說，就是讀者觀眾愛看啊，沒辦法。但在我看來，這種愛看，本質上是一種套套邏輯——此類報導方式看多了，我們就開始以為，這些新聞只能這樣報導，而觀眾或讀者只愛看這類新聞。

會考成績公布，難道媒體不能把焦點放在成績的分布，是比去年更集中還是更兩極化？城鄉的學習成效有無差異，如果有的話，主要又是在哪些科目？大學排名就算要報導，難道不能先考察研究這些排名的公信力如何，以及是用什麼樣的標準來排名？至於那些無役不與的政治人物，等到他們確定真的要參與了，再給他們一個版面來陳述參選理念也絕對是仁至義盡了。

媒體作為當代人資訊與知識最重要的來源，有義務以更進步的觀點引領社會向前，而不是以倒退的價值觀牽制社會的發展、限制讀者的想像（儘管我相信多數的新聞工作者並無此意）。

怎樣的報導取材與角度算是「進步」的呢？從我前面舉的三個例子來看，中小學教育，難道我們不是應該鼓勵更專注於學習的本質、而不是處處為考試而讀書的教育，應該更關心國民教育素質的整體提升，而不是哪些人進了哪些學校；大學教育，難道我們不是應該更看重大學教育對在地社會與產業的貢獻與關懷，而非多半是外國媒體為了行銷目的而編製的排名升降；至於臺灣的政治，不是人人都說，厭惡政治惡鬥、藍綠對決，為何我們的媒體，卻無法帶頭跳離這樣的窠臼？

新聞工作者如果懶，懶於追索時代的脈動，那也別推給讀者或觀眾的笨，笨得只能看得懂歷史偽裝成新聞的自我重複。讀者或觀眾如果懶，懶得督促新聞工作者勇於探索創新，那我們的媒體品質再怎麼每下愈況，可能也只是剛好而已。

小確幸還不賴，但我們也需要國家的意志與靈魂

對這一代年輕人來說，談論國家意識或是民族精神，應該是個令人昏昏欲睡的老掉牙題材。年長一輩的還忙著爭論法理台獨的必要性，或是一中各表到底怎麼個表法，二、三十歲的年輕人則是直接跳過這一切，要不統獨與我何干，要不臺灣早是主權獨立國家有什麼好討論的，年輕人關心的是自我生命意義，或是忙著建立虛擬世界的社群連結。至於國家，只不過是個過時的、落伍的討論問題的單位。

某一層面來說，工作上錢夠花就好，棄聯發科，只想親近蓮花與蝌蚪，有空泡個咖啡館，存點小錢就去旅行，最大的心願是登玉山、單車環島、或是拼個鐵人三項——被通稱為小確幸的人生態度，我們當然也可以視為是對黨國教育體制、代工生產體系、以及台式過勞拼經濟的反動與背叛，因此小確幸帶有一種解脫感，一種個人主義式的自由，國力於我何有哉。

這種自由，很好。但所有的自由，都有其侷限性。文明社會個體裡的自由，不可能只靠個人的解放與超越來獲得，而是必然也包括了所身處社會的集體意識的奮鬥與掙扎。這些年臺灣的悶，和臺灣作為一個國家、一個民族的集體意志的消沉，有密不可分的關係。

臺灣高喊文化創意那麼多年，在文化生活的實踐上卻仍是：清境農場一面倒歐式小木

屋民宿、貓纜得靠船來Hello Kitty攬客、屏東line彩繪稻田用的是韓國貨、文創園區排名前幾名的展覽則清一色是外國動漫展。

在韓國崛起以前，或許我們還能說，西方國家挾其文化優勢、行銷能力，小國不可能與這些強勢文化競爭，但韓國的line、Dream Girls，以及跳騎馬舞的江南大叔卻又活生生地證明，這種不可能似乎也沒那麼不可能。

那麼，臺灣沒有自己最具代表性、有臺灣特色的文化，問題是出在哪兒呢？我們已然聽了很多的解答，行銷與包裝能力、國家政策、業者的規模與策略等等，都有一定的解釋力，但我認為最為根本、卻也最被忽略的是，臺灣是一塊喪失集體國家意志與精神的土地。

除了前面說到的，對黨國體制的反動，臺灣長期以來在國際關係上的邊緣地位，特別是與中國的經貿關係，導致經濟發展與國族認同呈現一種人類史上並不多見的獨特張力（過高的臺灣意識通常會在與中國貿易得到或明或暗的「懲罰」），務實的臺灣人，也就有很高的比例刻意淡化了國族意識的重要性。

韓國人與中國人對民族主義的熱情，在臺灣人眼中，經常呈現的是一種盲目的衝動、無謂的喧囂，但韓國人對特定產業型態的支持、對國貨的熱愛，卻也是同一種民族主義下的產物。而台式民族主義的壓抑與消沉，面對的卻是另外一個問題。

沒有國族意識的文化創新，剩下的是戀人的喃喃絮語、青少年的熱血叛逆、或是文青風的午後紅茶這類的個人情感抒發。這一類的語言，未必不能獲得跨國界的共鳴與迴響，特別是當我們以網路社群為單位來看待這樣的創作的時候。但一個弔詭而殘酷的事實則是：這樣的社群語言少了國族的屏障與加持，反而才是西方主流文化的禁臠——試想，如果沒有本土風情與在地明星的掩護，那部小國產製的浪漫愛情喜劇或是科幻動作電影能與好萊塢競爭？

簡潔冷冽的德國工藝若沒有鋼鐵般的德意志精神為後盾，德國工藝也將不過是只能熱議十五分鐘的行銷語言而已；乾淨明亮的北歐設計如果沒有對陽光與色彩的渴求為起點，北歐風格將也不過是些線條與色塊的做做排列組合而已。任何臺灣品牌要對外發聲，時而鋼鐵人時而賣禪風，但為何看來總是如此發散，似乎一開口就活脫脫告訴你「這只是個廣告」？因為在我們的產業背後，沒有任何「回得去」的文化依歸。

不管我們喜不喜歡，國族仍是他者認識我們最重要的方法，是在地特色與自我認同建構最主要要的途徑，也是超越小確幸的意義表述最重要的下一站。電影導演魏德聖的系列電影《海角七號》、《賽德克巴萊》、以及《KANO》，是挑戰臺灣國族論述的勇敢之作，但很顯然的，這樣的努力與嘗試在臺灣還遠遠不夠多。

小確幸讓我們從過去的桎梏中解脫出來，感覺自由了。但要自由地往哪裡去，我們卻是茫然的，因為我們只有個薄弱的國家意志，以及漂浮的國家靈魂。臺灣若要能在未來的一、二十年裡開展新局，如何找到屬於臺灣的國家意志與靈魂，將會是最重要的基礎工程。

告別的身影——從江蕙宣布引退談起

台語歌后江蕙宣布將引退，各家媒體報導多以「震撼」來形容。此事之所以令人驚訝、震撼，部分原因是急流勇退、見好就收，向來不是華人文化意識的主流。各個領域有頭有臉的人物，做到不能做為止，才是我們最常看到的人生選項。這在臺灣的政治與企業界尤其普遍，從數百萬票的總統選到數萬票的市長，營收目標從一兆提高到三兆，老將依舊在沙場上。

老驥伏櫪，之所以仍志在千里，約莫就跟現在很多人力勸江蕙繼續唱下去的原因是一樣的——還能唱阿，為什麼要退休呢？

如果還有能力貢獻社會就不該退休，誰能說這樣的價值觀不對呢？更何況，我們不是正在邁向一個高齡化社會嗎？以江蕙的年紀，不是應該至少還可以唱上一、二十年嗎？

在我看來，這就牽涉到一個社會或個人，究竟重視的是「實用價值」或「美學價值」的問題，而臺灣人的民族性格，明顯的是偏向前者。

我來舉個例子，就像臺灣的居家裝潢，號稱百萬乃至千萬裝潢者所在多有，但是住家能否達成一個總體上具有美感的環境，關鍵根本不在於買了多少名牌設計師家具，或是有沒有七十吋大電視與德國進口冰箱，而是你能不能捨得丟棄「還能用」的家當。這還能用的東西就不能丟的念頭在腦海裡盤旋一天，多數人家中就談不上有什麼風格一致的美感，只會讓百坪豪宅有七十五坪用來當成儲存空間。

臺灣人這種還能用就要繼續用下去的觀念體現很多面向，我們的汽車平均使用年限要比美國高上許多，國立大學退休教授還要跑去私校繼續上班，政府官員卸任則是想法設法要轉進各種基金會、財團法人。

以上我列舉的這些，當然也不是全無優點可言——物盡其用，自然是有利環境保護的美德；資深人士的經驗與智慧，也不必一筆抹煞其價值。問題在於，這種實用至上、堪用就要用的民族精神，也是一體之兩面，讓臺灣成為一個缺少超越性追求之美感的社會。

歐洲的家具、家飾產業繁榮興盛，跟歐洲人喜歡隨著心境、年齡、自我認同與經濟條件的不同而轉化自家生活樣貌有絕對密切的關係。對比來說，我老家的窗簾，自我有記憶以來似乎就未曾換過！這雖然只是個案，但我相信在臺灣也絕不少見。

江蕙不唱了，我們應該要祝福她，也要對她有信心。我們要祝福江蕙，因為一位最本土的臺灣歌后，走了一條臺灣人跡較少的道路，以她的勇氣與智慧，為我們展現了不迷戀掌聲、不貪圖金錢，而是重視退場身影的美感價值，要把最美好的一刻留給歌迷。

我們要對江蕙有信心，因為有這樣的勇氣與智慧，沒有什麼道理她不能開創人生的另一種可能。美國職棒大聯盟氣質最像卡車司機、渾號「大單位」（Big Unit）的賽揚強投

Randy Johnson，走下投手丘之後，跌破眾人眼鏡地成了野生動物攝影家，還辦了攝影個展；全球最大拍賣網站eBay的首任總裁Jeff Skoll拿了數十億美金退休以後，創辦了專拍進步社會意識的電影公司「參與者」（Participant Media），迄今已拍到六十多部電影，入圍數十項奧斯卡獎。

一個具有美感的告別，並不意味著結束。

何不斗膽一下，開創一個有文化想像力的新臺灣！

世界那麼大，為何只去澳洲？動物那麼多，為何只看鴨子？

日前媒體報導，臺灣赴澳打工度假的年輕人，可能有近千人從事情色服務業，讓澳洲度假打工的議題，繼清大高材生當屠夫之後，再度引起社會廣泛關注。

根據澳洲移民局統計，自二〇〇四年簽訂「澳台雙邊打工度假簽證」協議，九年來臺灣赴澳打工度假人數累計超過十萬人，光是二〇一二年就有三萬五千人，僅次於英國。

臺灣社會對年輕人到國外打工，不管是出賣自己的勞力或身體，自然是贊成的反對的都有。因為在學校教書，在這波打工風潮被媒體廣為報導之前，我就常常會被學生問到這樣的問題——到國外打工度假好不好？

在澳洲打工熱之前，學生流行的打工度假地點是美國加州或是佛羅里達州，多半是從事遊樂園服務或是旅館清潔打掃工作。對這種事，我通常不會妄下斷語說好或不好，畢竟每個人的狀況都有所不同（但絕不是為了規避做為老師的責任）。

個體選擇沒有對錯，個體加總起來的集體趨向，我們卻可以從中看出一個社會的心靈狀態。當我問學生們，為何去加州或澳洲呢？多半得到的答案是：很多朋友去了、有仲介代辦很方便、想去國外看看又可以賺錢之類的回答。

國外多看看很好，賺錢也很好，加州澳洲也沒什麼不好，但是這世界那麼大，為何大家都去這些地方呢？去這些地方之前，大家對這些地方又有多少認識呢？認為自己是去追逐夢想的，這些地方又與自己的夢想有何關連呢？我必須很殘酷地說，有前人帶路、同儕呼朋引伴、成行方便不用多花腦筋與氣力，才是海外打工度假地點如此集中的根本原因。

臺灣有人去德國賣珍珠奶茶、有人去挪威的農場打工換食宿、也有人去祕魯當無國界醫生，這些工作可能賺得多也可能賺得少，有勞力密集也有高度專業工作，有先進國家也有後進國，但是這些我認識或不認識的朋友都有一個共同的特點：他們都很清楚他們為何去到那樣的國家，這樣的工作對他們個人的意義是什麼。要去這些國家打工或是工作沒有像去澳洲或是加州那麼方便，但也絕不是不可能或做不到，如果你前去的意志與夢想夠強大，那樣的困難也只是枝節。但是這樣的海外工作者人數終究不多。

澳洲打工度假特別值得我們關注的，是它的數量龐大。從眾性全球皆然，臺灣特別嚴重。小鴨原本是全球巡迴，到了臺灣變成全島巡迴，原本甚至還要來個原地巡迴；跨年晚會全世界都在辦，但是像臺灣這樣幾乎每個縣市都辦，而且是每年差不多就是原班人馬同台演出應該是絕無僅有。

這不是一個澳洲能不能去打工、黃色小鴨該不該來臺灣、或是跨年晚會需不需要辦的問題，就像今年開始有一些批評跨年晚會的聲音，有縣市首長回應，讓年輕人高興一下有什麼不對？高興一下沒有什麼不對，就像去澳洲追求夢想也沒什麼不對，只是我們也不得不追問，為何在這塊土地上，大家的夢想和可以高興的方式都那麼相像？夢想不是應該很個人，高興的方式不是應該很不同？

臺灣在表面上是個自由、多元的社會，但在很多事件上，我們卻是自由地選擇了制式、同質性、已然被高度接受的選項。這可能是地小人稠國家的特性，近距離你看我我看你，相互模仿學習，大家想的做的事情也就越來越相似。

大家都很像，像到讓人已經不敢有所不同（我相信現在有很多縣市首長已經不敢第一個跳出來說不辦「標準版」的跨年晚會了），這才是一切的問題之所在。想像力跟冒險精神很匱乏，原本應該最有創意的文化活動與海外體驗變得跟製造業一樣制式，這樣的事沒有不能做，卻對如何在生活與學習實踐中開展個人與臺灣的文化想像與差異性助益有限。如果我們相信創新與文化優勢是臺灣未來的關鍵競爭力，這就會是一個大問題。

期待臺灣的新的一年，是一個敢於有所不同的一年！

臺灣要找到自己的武功

臺灣向來是個重視競爭力的社會。任何關於競爭力排名升降的調查，都可以得到媒體和民眾廣泛注意與討論；「卓越」、「頂尖」、「一流人才」、「排名前幾大」這些字眼，是我們產業、經濟、教育或是國家發展最常使用的關鍵字。

既然要和最好、最尖端、最領先的個人、企業或是社會競爭，那麼努力地去學會各種完成工作的「最佳實踐」（best practice），似乎也是一件再自然不過的事。

但是這種思考的背後，實則有一個隱藏的、未經驗證的邏輯：真有那麼一種最佳實踐，是適用於所有的組織、所有的個人的嗎？曾經寫了長銷又暢銷的《引爆趨勢》的作者葛拉威爾（Malcolm Gladwell），在他的新書《以小勝大——弱者如何找到優勢，反敗為勝？》中告訴我們，事實恐怕並非如此，弱勢者採取跟強勢、資源豐富者一樣的策略與行動，注定只能得到輸多贏少的結局。政治學者厄瑞根托福特的研究顯示，歷史上強國與弱國實力懸殊的戰役當中，如果弱國與強國採行一樣的硬碰硬戰略，在一百五十二場戰役當中輸了一百一十九場。

但是弱勢者就一定不可能扳倒規模或是身型大上自己幾倍的競爭者嗎？葛拉威爾給了我們各個領域的真實例證，證明結局絕對是可以大大不同的——如果弱勢者能清楚認識自身的處境與條件，並且善用這樣的條件的話，小蝦米戰勝大鯨魚的例子比比皆是。

弱勢者要出奇兵、巧用自己的優點、打擊巨人的弱點，照說，這道理應該不難理解，但是多數人卻很難從歷史中學會教訓，葛拉威爾認為，根本的原因在於，我們對於何謂優勢，有一個僵化而狹隘的觀念，我們覺得有益的事物，實則未必如此，我們覺得沒用的事，卻有可能讓我們變得更強壯。

像書中提到的美國加州紅木市國中女子籃球隊，她們身材既不高大，籃球技巧也不特別突出，但是靠著全場緊迫盯人的防守策略，讓她們在全美錦標賽取得了遠超過她們「實力」的戰績。在籃球場上，靠全場緊迫戰術取勝的球隊其實不在少數，但是這種戰術卻從未成為弱隊的慣用打法，原因也沒人說得上來，多數人似乎只是覺得這樣打球「很沒品」，因而先入為主地認為不該這樣做。但是我們很少去思考，我們會覺得這樣的作法怪異、沒品，是否正是因為我們將遵循強者的邏輯視為理所當然？

本書另一個發人深省之處在於，作者告訴我們，我們過去羞於告人的缺陷與不完美，像是有閱讀障礙、進不了名校、童年時的貧窮經驗等等，未必就會置我們人生於絕望之境的劣勢。有錢經常讓子女教養變得困難，童年的貧窮經驗反而讓人更能不屈不撓面對挑戰，閱讀障礙則是逼迫有缺陷的個體練就其他的好功夫。

這本書在這個時間點於臺灣出版發行，我覺得有其獨特意義。臺灣人一向怕被邊緣化，但是我們似乎不願正視，我們可能不是被邊緣「化」，而是我們本來就在邊緣。我們人口不多不少，注定不可能是個有龐大內需市場的大國；我們地處中國大陸的邊緣，這是一項無可改變的事實；台清交大的招生方式再怎麼改來改去，進得了傳統名校的終究是少數人。

在過去，國家小、內需市場不大、沒唸過名校，清一色被我們視為是一項劣勢。過去我們也很單向度地相信，劣勢者翻身的唯一方式，就是取經學習強者做事的方法。這在財經領域尤其明顯，財經知識幾乎就是強者的語言，但是我們很少質疑，大國、大公司的成功經驗，是否真的適用小國、小公司？

我們如果可以反身自省，認清自己所處的位置，對於邊緣地位不妄自菲薄，而是積極地發揮弱勢者的獨特優勢，臺灣的未來絕對是不悲觀的。

金庸小說《天龍八部》裡的大理王子段譽，雖有家傳的一陽指，又因緣際會學會了六脈神劍、北冥神功、以及凌波微步等三大武功絕學，但是段譽生性怯懦不好武，學佛又有慈悲心，對他最實用的功夫，其實是那在很多人眼中有點娘的凌波微步，因為他真正需要的是可以幫他臨陣脫逃的功夫。

在臺灣的書市，六脈神劍與北冥神功的密笈已然不少，我們真正欠缺的是，是切合我們真實處境的凌波微步。

沒有壞主意，哪來好主意！

美國亞馬遜網路書店日前宣布推出無人機送貨服務實驗，強調能在三十分鐘之內，把二點三公斤以內的包裹，透過小型無人飛機送抵亞馬遜物流中心方圓十六公里以內的指定地點。不過亞馬遜的創辦人Jeff Bezos也表示，無人機送貨計劃還有技術與飛行法規等問題有待克服，近期內無法真正落實。

這種乍聽之下讓人眼睛一亮，略待尋思之後卻又覺得近乎狂想的主意，美國科技業的另一個龍頭Google來得更多。美國科技部落格BusinessInsider就整理列舉了Google正在進行中的十大奇想計畫，包括無人駕駛汽車、太空電梯、智能手錶、高空風力渦輪發電、以熱氣球為偏遠地區提供網路服務等等。

臺灣人面對這類的新聞，通常有兩種典型的反應。看起來似乎有可能性的，就正經八百地歌頌這些美國大公司的遠見，然後努力地挖掘探索這些在觀念與技術都「領先我們」的企業，背後有什麼不為我們所知的宏大策略意圖；另外一種反應，則是將這類計畫視為某種趣味新聞，覺得那些老美又在搞些無用的、奇奇怪怪的東西，這玩意兒在行銷上或許有點幫助，但是我們絕不相信這些東西有落實到真實世界的一天。

上述這兩種反應與想法，可能一點兒也沒錯。美國人在開發這些玩意兒的時候，背後可能真的有個支撐他們這樣做的、關於世界或是產業該是怎樣的想法，而這些奇思怪想，可能也真的永遠沒有落實的一天。

但是這兩種典型的反應，加上這類古怪的實驗幾乎從未出自臺灣企業的手筆，說明了臺灣人是多麼務實的民族。我們不太會去猜測，美國人可能其實也不知道未來世界會是怎樣，自然也就不知道什麼是面對未來的最佳策略，而這些奇奇怪怪的嘗試，可能也只是一種摸著石頭過河的探索而已。

毫無疑問，這種摸著石頭過河的實驗失敗的機率很高，血本無歸的可能遠大於摸到一條大魚。美國人很天真，他們覺得摸不到魚的探索也是值得的，一來多摸幾次可能就有了，這河底的地貌也就清楚了，就算最後終究還是一無所獲，他們覺得過程中還是充滿了樂趣。

創新其實也就是這麼一回事：你得不怕壞主意，才有好主意。很多的壞主意，或許才出那麼一個好主意。創新之難在於，沒有人能真正完全預判哪些想法能獲得成功，或是被市場接受，對趨勢或是市場有很高敏銳度的人，最多也只能做到勝率或是打擊率高於其他人而已。

臺灣人太過實際，要嘛有投資就要看到有回報，要嘛就是覺得這本來就是個不可能回收的趣味行為，我們總是少了那麼一點邊界冒險探索的精神，而也經常用這樣的眼光來觀察與解讀世界。這樣的務實性，是臺灣要轉型為創意之島很大的阻礙。

在日常生活中，經常會聽到年長者、比較有經驗的、或是掌握權力的人，總愛跟年輕人、願意去試試看的、兩手還空空的人說：「不可能」。按照我長期的觀察，多數人口中的不可能，多半只是成功機會不高或是難以評估而已。

失敗並不可怕，畏懼失敗，在未來可能比失敗本身的風險還大。現在，我們至少應該先從一個練習做起——少說：「這不可能」。

權威也可能是業餘的，業餘也可能是有看頭的
——張懸與雞排妹、郭台銘與李遠哲

人稱雞排妹的鄭家純，前一陣子因為對公共議題發表了不少言論，引來了正反兩極的評價。批評雞排妹的主要論點有二，其一是說，雞排妹只有高職學歷，能講出什麼有料的論點來？其二則是懷疑，她發表這些言論只為了譁眾取寵，吸引社運族群的注意，是行銷手段的一種。

這種論調實在太過淺薄，原本實在沒有為文反駁的價值。作為一個娛樂圈的藝人，不管是脫衣接吻、炒作緋聞或是慈善救濟，或多或少可能都帶有自我行銷的成分，我們倒也沒聽說有誰覺得這樣做不太妥當。如果是認為社會議題更為崇高不可玷汙，這我也覺得大可不必，我們從小接受的公民教育，不就是告訴我們，關心社會是每一個公民的責任嗎？至於想要去猜測他人關心社會是不是出自正心誠意，這更是純屬多餘，一個人參與公共議題的表現可以接受公評，但是這人為何要這樣做，則是無關宏旨的私人問題。

真正引起我好奇心的，是這學歷問題。說人學歷低，不可能講出什麼像樣的觀點，本來也是個不值一哂的勢利眼論調。但是後來又出現了張懸在英國演唱會的國旗事件，張懸勇敢地捍衛她在台上拿自家國旗的權利，贏得咱們臺灣同胞的一面倒叫好。

當張懸義正辭嚴地談論她拿國旗的種種因由，我們倒是未曾見到任何一位臺灣國人指出她是為了行銷宣傳、或是沒有資格對國家定位或是社會議題侃侃而談。相反地，張懸不但是知性藝人的代表，她在英國的英勇發言，還獲得國人的廣泛讚譽。

但是那些批評雞排妹之人，不知是否知道，張懸的正式學歷只有國中畢業而已，甚至還在雞排妹之下，但是我想也很少人會否認，張懸一路以來對社會議題發言的深度與犀利程度，絕對是許多擁有碩博士學位者難以企及的。

長期以來臺灣社會對於公眾人物發言的「廣度」，一直有一種有別於老牌民主國家的分布與期待。前中研院院長李遠哲在得了諾貝爾獎又返國服務以後，臺灣人仰望諾貝爾獎光環，媒體幾乎事事要去請教李遠哲的意見。西元兩千年的政黨輪替，李遠哲的「向上提升或是向下沉淪」說，被認為扮演了關鍵角色；李遠哲個人很關心臺灣的教育問題，在他的威望與領導之下，臺灣也進行了大幅度的教育改革。

後來教改與民進黨執政的成果不符部分人的期待，我們開始聽到批評李遠哲的聲音，這種批評中很大一部分，是說他不過就是個傑出的化學家，懂什麼教育與政治議題？但是做出這樣批評的人似乎沒有意識到，在臺灣社會，一旦成了某個領域的傑出人士、擁有很高的社會知名度以後，我們的社會期待他們上天下海地、無所不知地對各種議題發表看法乃是常態。李遠哲之後的郭台銘（郭台銘說應該在淡水設賭場都成了報紙頭條），郭台銘之後的李安，實際上都持續扮演著這樣的角色。

在我看來，這都是臺灣社會對名人與權威過度依賴的結果。雞排妹當然可以針對公共議題發言，她的意見可以高明也可以不高明，學歷高或低也沒有任何重要性，她講的有沒有道理，聽的人得自行做判斷；李遠哲不管有沒有得諾貝爾獎，作為一個關心社會的臺灣公民，他當然也可以對教育與政治議題發表他個人的看法，以結果論來評斷他當年不該「管太多」，一樣是個奇怪的說法。如果我們真要檢討教改的利弊得失，不是應該反思我們的社會為何賦予「業餘人士」這麼大的改革權力？

臺灣真正需要建立的，是各個領域的專業倫理與對權威的不迷信。有專業倫理的圈子就會對圈外人的意見有採納或駁斥的自信與能力，對權威不迷信的社會就不會輕易讓李遠哲、郭台銘們有那麼大的影響力，或是要雞排妹不專業就別講話。一個能夠理性思辯、純就發言內容來評斷良莠、評估可行與否的社會，就不會預設性地對李遠哲講的照單全收、對雞排妹沒根據地貶抑。

雞排妹要一邊換衣服一邊評論多元成家法案又有何不可呢？如果我們都是腦眼並用的觀看者。

柱柱姐、炳忠哥與法拉利姐——媒體時代旁觀他人出糗的壞心眼

面對身心障礙人士，所謂的「正常人」，通常有幾種自處的方式。

第一種，是直接嘲弄其身體或心理上的缺陷，笑他們不能表現出該有的演出，但這在這個時代非常政治不正確，只有欠缺文化教養的人才會這麼幹。

第二種，是正視身心障礙者的「差異」，承認其不同就如同所謂的正常人之間也存在著諸多差異一樣，並給予其必要的協助或關心。

還有第三種，最幽微難辨的一種，是假裝沒看見身心障礙者與正常人間的不同，把他們當正常人一般對待。這種作法，在正常狀況下，不會出什麼大問題，有時甚至還相當受到身心障礙者歡迎，因為他們不喜歡異樣的眼光投射在自己身上的感覺。

但在某些情況下，對身心障礙者的狀態假裝視而不見，卻是一件殘酷莫名的事。比方說，一位聽障者在捷運車廂裡自以為喃喃低語，實則卻是以全車廂都聽得到的音量在訴說著私密情事，我們是該起身告訴他，別再講下去了，還是強作鎮定，狀似無可奈何地竊聽他人的情慾八卦？

今日我們的社會面對法拉利姐的小蘋果、王炳忠的政論節目發言、或是洪秀柱競選過

程的諸般言論，採取的便是這第三種對應策略：假裝一切正常，面無表情地說，他們就是發片歌手、就是行使言論自由的公民、或是傳統的兩大黨總統候選人發言，所以我們給了應有的關注。

但是這一場場媒體與觀眾力圖鎮定、搬演若無其事的合謀，其實是最殘酷不仁的幸災樂禍：人們等著看，小蘋果還能走音到什麼程度，政論節目丑角還能滑稽到什麼程度、政壇諧星還能荒腔走板到什麼程度，只要無人提及，這些笑鬧劇就能繼續演下去。

五音不全的人可不可以唱歌？當然可以，但她應該在家裡唱唱就好，把這樣的歌唱當成江蕙演唱會一般來報導，就是不懷好意的惡毒；意見不怎麼高明的人能不能上電視？當然可以，但若創造收視率的方式靠的是人們的滑稽出糗，顯示的不過是節目製作的便宜行事而已；識見不足的人能不能選總統？當然也可以，但是把那些囈語當成國家未來可能的選項之一，就是對柱柱姐與這個國家最大的凌遲。

有人或許會說，這不過就是好笑或是嘲諷而已嘛，何必太認真？我的看法會是：KUSO或諷刺用在強者或是有權力的人身上，才能真正彰顯玩笑消解權威的真確力道。至於看著眼盲者一股腦地往前衝，就等著他跌得滿身泥巴以便哈哈大笑，突顯的卻是我們這個時代的媒體觀眾旁觀他人出糗的壞心眼而已。

創新，不可能讓每個人都開心

你若問臺灣的父母們，希不希望自己的小孩成為一個有創意的人？相信多數人的答案會是肯定的。但父母們的作法與想法是否一致，是在幫助小孩往有創意的方向邁進，那可就是另外一個問題了。

華人父母經常喜歡告誡小孩，要與人為善，不要得罪人。乍看之下，這似乎沒什麼好挑剔的，得罪人怎會是好事？但一個簡單的事實是：創新之事，不可能讓每個人都開心。一個東西如果真的夠新，它一定挑戰了某些人的既得利益（市場現有的領導者，原本賣好好的東西，因為有新產品取而代之，突然就賣不動了，誰會開心？），它必然讓許多人信仰了很長一段時間的價值觀，突然就不再那麼理所當然了。（出了三本講太陽繞著地球轉的中世紀神學家，怎會樂見來了一本大談地球繞著太陽轉的科學書？）很怕得罪人，想要討好所有人，注定不可能成為一個有創意的人。如果你怕有人不開心，最好的方式就是讓所有人都穩坐在他們的舒適圈，而這反過來，也是讓我們自己留在較為穩固的位置。

父母要子女別得罪人的初衷，自然很正當又合理：他們怕自己的子女受到傷害。創新有沒可能受到傷害？當然有可能，保守派可能會反撲，創新的過程可能遇到冷嘲熱諷與打壓，而且毫無疑問的，創新的結果可能根本一事無成，最後以失敗收場。但這世界就是這樣，有一好沒兩好，怕受傷的人不可能有創意，怕冒險的人到不了新地方。

但若你真覺得讓小孩成為一個創意的人是你在乎、乃至念茲在茲的事，那父母應該做的是，是讓小孩有面對這一切的勇氣與意志，行動上不輕易退縮，心智上不輕易被打垮，而不是時時忙著告誡他們，不要得罪別人免得自己受傷。

華人的另外一個「中庸」論調會說，那就盡可能在創新打破舊格局跟不要得罪人之間求取雙贏嘛。這種說法反駁不易，而且在實務上，我們的確也可以看到，有一些在創新上有重大成就的人物，在與人相處溝通這個面向上也展現了過人的技巧與智慧。但從教育的角度來看，父母的「教誨」必然都帶有某種趨向性，你要不就是教出個敢於與眾不同的小孩，要不就是教出個處處溫良恭儉讓的子女，很難有個真正的「折衷」

在我看來，臺灣的父母真正應該要做的，反而是要悉心鑑別性格上的偏執而難與人相處，跟勇於創新導致有人看你不順眼這兩者之間的差別。前者可能是人格養成上的偏差，後者則是就事論事、不畏人言勇往直前的勇氣與執著，雖然在外人看來，這兩者所可能導致的結果相當類似。

這也就是說，「不要得罪人」這種父母的教誨太過結果論了。我們可以也應該培養小孩有良好的情緒控制、有與人溝通的能力、盡己所能幫助他人、盡可能地與人為善，但這並不等同於，為了有好人緣，我們就該只顧做人不管做事，為了讓人人都開心，不說不做可以開創新格局之事。

沒事不要得罪人，但也不怕得罪人，才有可能成為創意之人。

快樂的總和

多數人應該都是追求人生要快樂，只是經常事與願違。

今天我就暫且不論那些自尋煩惱的「愚行」，我要談的反而是那些教我們如何快樂的概念或理論，到底哪裡有問題，最終有可能導致我們無法達成人生快樂「最大化」的目標。但我也要先強調，我並不認為這些概念或理論沒有道理，相反的，我覺得這些概念都頗有幾分道理，只是它們都對人生採取了一種「斷章取義」的解釋方式，因而在人生的具體實踐上，有了危險性。

先來談「快樂學習」。學習的過程如果舒適又愉悅，這當然是美事一樁，但很可惜的是，快樂學習講過頭，漸漸就變成了不快樂的不學習，這在現今的臺灣尤其常見。但學習的過程有可能都很快樂嗎？這當然不可能。比方說，學習一種新的外語或是程式語言，除了少數的天才，必然有一番辛苦掙扎。此事真正的快樂，應該是學會之後成就感，以及學會這種語言所為你開展的新世界與新事業。

過度強調快樂學習，除非你有個非常非常好的爸爸，要不然很有可能，你人生最快樂的那一天，就要終結在你結束學生生涯的那一天，因為你一面倒快樂學習學來的東西，未必能讓你在職場生涯的野獸叢林中存活下來，你又要如何能快樂得起來？

另外一個有點反過來的概念是「先別急著吃棉花糖」——遞延享樂，最後得到的快樂反而更大。這種想法華人或臺灣人應該一點也不陌生，月薪五萬塊，也要貸款買間兩千萬的房子，日常生活的品質與休閒享樂皆可拋，你自己跟身邊的親友都會告訴你，只要堅忍卓絕地縮衣節食下去，最終千萬豪宅就會是你的！誰能說不是呢，我相信靠一已之力就能買下多戶房產的，多半是這種具備堅強省錢意志的人種。

問題在於，遞延該遞延到什麼程度呢？此心一起，我們在真實世界裡看到的多半是，財富的累積最終只是改變了存摺的數字，房產在我們繳完房貸那一天，我們再也無力與無心裝修這早成了老房子的自有財產，這房子可能也因此從未有一天改善過我們的生活品質，當然也就更不用提這房子帶給我們的「快樂」了。

快樂學習的危險，是沒說快樂學習的後果，以及不再是父母庇蔭下的人生階段究竟怎樣才能快樂，而這樣的快樂無可避免的會與我們人生的學習階段大有關係。先別急著吃棉花糖的危險，則是最後根本沒吃棉花糖，而且這樣的棉花糖，也未必對自己的子女是有益身心的健康食品。

當然我們也不能倒過來說，虎爸、虎媽教育才能帶給孩子「較長遠的快樂」。這原因也很簡單——虎爸虎媽思維，不也就是先別急著吃棉花糖的一種形式嗎？

因此，在我看來，人生的快樂之道，最好是別輕易迷信某種快樂理論，我們得回頭檢視自己真實的生存處境，各種概念都可以參考，別走極端，組合出屬於自己的「快樂總和」最大化的配方。

企業經營者的權力

鴻海集團董事長郭台銘為了幫臺中市長候選人胡志強助選，在出席公開場合時說，如果胡志強連任臺中市長，鴻海將會加碼投資臺中。

本來，郭台銘董事長要支持誰，那是他個人的自由。勇於在政治上表態，也不是壞事一件。有人或許會主張「讓政治的歸政治、經濟的歸經濟」這類的看法，這我也不是那麼贊成——政治與經濟可以分開看待，不過只是個不曾存在的幻想而已。

但是郭董的言論，從企業經營的角度來看，仍有其可議之處。應該很少有人會否認，企業經營者最重要的使命之一，是幫企業做出最佳策略，為員工與股東謀求最大的福利。

企業決策權力集中，最初的用意只是為了提高決策的效率，但這並不等同於公司是企業決策者一人所擁有的。郭董雖然是鴻海的第一大股東，但鴻海畢竟是一家上市公司，郭董的持股也不過在百分之十二點二八之譜（資料日期：一〇三年十月），鴻海還有其他百分之八十七點七二股東權益需要照顧。

企業決策的結果當然只能推估與預測，無人可以百分百確定其影響。如果郭董判斷臺中是個投資的好地方，按照郭董過去在事業經營上的成就，我們當然也很難說我們能有比郭董更高明的企業決策判斷。但是當郭董說，胡志強當選與否，會影響他在臺中投資的金額之多寡，我們就很難被說服，這是一項依鴻海股東的權益來做判斷的決策。畢竟，一任市長不過四年，企業投資應該有比這更長遠的考量，更何況，似乎也沒有證據顯示，不同的政黨候選人當選，會對臺中的投資環境造成天差地遠的不同。這也就是說，我們可以合理推論，依臺中市長當選人的不同來決定投資臺中的多寡，有很高的比重，不過是郭董一人的政治偏好所導致的企業決策（當然，前提是，這的確是鴻海的企業決策，而不只是個選舉語言而已）。

深受投資人敬重的股神巴菲特，向來把投資人權益擺在第一位。他認為，企業的經營者與決策者，沒有資格濫用股東賦予他的權力，因此在他主導的公司，即便是慈善捐款，股東都有權利按照他持股的比例，指定善款捐給他個人所偏好的慈善或是公益機構。對巴菲特來說，這才是一個負責任的企業經營者該有的作法。

像鴻海這種老牌又大型的企業，股東總數在數萬人以上，我們可以想見，政治選擇與郭董不盡相同的不在少數。如果郭董投資臺中與否的決策不是依股東權益的最大化來考量，而是他個人對於胡市長的「義助」，就如同企業的慈善捐款一般，那麼郭董有沒有這個權力慷股東之慨，行個人政治偏好與選擇之實，就是一件有待商榷的事情了。

所有的企業經營者都應該要有這種自覺，他們是接受股東的託付來經營這家公司的，他們行使決策權力的方式，也應該要以股東的福祉為依歸。

尿尿請用第二格小便斗

在公共男廁方便，不少男生可能都有一種習慣：盡可能使用左右兩端的小便斗。男人們有這種心態並不奇怪，要在公共場所拉下褲子的拉鍊，總覺得躲在兩邊，至少有一面是靠牆的，心情上舒坦一些。

但是上廁所的男生們不妨也可以低頭看一下，左右兩頭的小便斗通常都是最不乾淨的，要不是便斗臭氣逼人，就是地板上尿漬久久不乾。

這兩個小便斗特別髒，因為大家想的都一樣。左右算來第三格通常次之，因為大家想的也一樣——有選擇的話，尿尿最好跟別人隔一格，離遠一點，免得引發彼此之間的尷尬。這也就是說，左右算來第二格的小便斗，一般都是廁所中使用率最低、最乾淨的小便斗。

你若想得和大家都一樣，自然就得接受低落的方便品質，而且這種低落的品質，其實是每個人都能親眼所見、親身體會的。既然如此，為何多數人還是行禮如儀，不管眼見為憑，依舊按照自己的習慣來行事呢？

因為覺得安全。人們對於恐懼感的規避的心理需求強度，往往遠大於對真實理想境地的追求，這是人性。但是這種自然而然的人性，經常讓人陷入畫地自限的小圈子爭奪，外頭一大片海闊天空的可能之地卻無人開墾。

沒有創意的人喜歡苦苦追問，創意哪裡來？有時這事沒那麼複雜，創造就是和別人做不一樣的事。要和別人做不一樣的事，首先得先知道別人都在做什麼，這需要觀察力，有時也可以從自己習慣的生活模式開始，因為我們之所以培養出這樣的習慣，經常跟他人一樣，是受到相同的社會文化習俗與例規的制約，我們自己中的一大部分，也和他人的一大部分有相似之處。

其次我們得試著離開舒適圈。要和多數人不一樣，也和自己過去的習慣不一樣，一開始總是會有點彆扭。尿尿還好，沒有人會盯著你，看你用了那一格，關鍵只在於，你得克服那個老是想躲到角落裡的習慣，對抗那個隱身起來比較舒暢的安全感。

最後一個則是動機問題——為什麼我要這麼做？不管選了哪一個小便斗，最後不也都可以達到方便的目的，何苦為難自己？這問題有時的確也不好回答，有創意，有時有好處，有時沒有，有時就算有，也是很小的好處，像是覺得自己很酷之類的。

在我看來，這就牽涉到一個人的自我認同與定位問題。人總是有他思考的偏向，一個天天都在想著突破現狀、改變規則的人，對於糾纏自己的陳腔濫調不會有太好的耐心；倒過來也是一樣，一個安於傳統思維模式，認為明天最好能跟今天一樣的人來說，光靠開個腦力激盪會議絕對不可能激發出他什麼樣的創意來。

尿尿請用第二格小便斗，那是人跡較少的地方，至少現階段是如此。力抗自己的習慣，經常是培養創意思考有效的第一步，因為你想的事，通常也是多數人想的事。當然，前提是你想當個有創意的人。

社群是太過重要還是不太重要？

不管你是在那個領域工作，現在你若說社群不太重要，要不是被認為愚蠢，就是趕不上時代。

強力主張社群很重要的人，最自然而然的論據通常會說，你看網路社群的影響力有多大，那麼多人每天都掛在上頭，黏性十足，甚至無法自拔。

此說自然不假，但是如果我們把社群看成是人類組織其合作行為方式，我們不難發現，在骨子裡，我們根本就不信任社群，我們還是一面倒地相信我們更熟悉的「正式組織」。

比方說「家庭」，就連同志都要力爭有法定地位，有穩定、可預期的相互關係（雖然很多人在寫文章的時候會強調流動、游牧或是多元的重要性）；比方說工作的「公司」，多數人還是希望知道跟誰領薪水，年資是有價值的，或是辦公室裡有幾個能一起吃飯的麻吉。

人類努力要發展出「正式」組織的歷程，幾乎要跟人類的文明史一樣長。超過千年以來，一代代的人們都相信，組織最好是永續的、規則是普世皆準的、法律是一體適用於所有的人。這是一種「進步的」象徵，這在人類進入了所謂的「現代」時期以後更是如此。當我們說一個國家很現代，通常指的就是企業與大樓的規模很龐大，典章制度很健全，司法體系很公正。

社群作為一種人類組織其行為的方式，與我們千年來的習慣與期待完全是背道而馳的。社群這種東西，很有可能朝生暮就死，默契取代了規則，熱情的重要性更勝於獎懲賞罰，人與人之間的關係則是飄移的。而網路社群，不過才二、三十年的歷史。

正因為如此，網路社群的革命性潛能可能要比多數人以為的大得多，但它對面的阻力與反作用力也會比多數對社群的力量抱持樂觀態度的人以為的強得多。這有點像原本在陸地上生活的鯨魚，有一天突然決定重回海洋的懷抱，就得從聽覺、眼睛、鼻子、牙齒、到四肢與骨架都得做出劇烈的改變，才能應付牠們即將面對的液態世界，而這改變，絕非一夕之間可以完成。

因此，要怎麼面對社群時代的來臨，的確不是一件簡單的工作，卻又是不得不正面以對的議題——明明我們活在充滿空氣、可以自由呼吸的世界中，潛到水裡游泳只是偶一為之的行為，偏偏我們卻又明確知道，液態世界即將來臨，這時候我們應該怎麼辦？

網路崛起的這一、二十年間，許多的網路預言家都告訴我們，網路即將如何改變這個世界。從後見之明來看，我們會發現這些預言正確的比例其實並不低，但是當時相信這些預言而下場悽慘的卻不少。根本的原因在於，觀念的傳布相對容易，習慣的改變、或是價值觀的認可卻需要時間，一點也急不得。就像在西元二千年左右出現了網路泡沫，當時不少人嘲弄，網路不過是個海市蜃樓，將在時代的洗刷下灰飛煙滅。但事實證明，當網路不再是媒體鎂光燈的焦點之所在，它反而一點一滴地滲透了我們生活中的每一個環節，我們活在網路的液態世界中，開始變得跟呼吸空氣一樣自然。

習慣的改變需要時間，而這需要等待的耐心。活著才是贏家。那些只有熱情，卻沒有存活方式讓自己經得起漫長等待的企業或個人，見不到液態世界來臨的那一天。就像還沒下到海裡的鯨，仍然是靠腳走路。

因此，認定自己是永遠的陸地哺乳動物，以為海洋只是偶爾用來游泳的，注定不會是未來的贏家；陸鯨就開始想用海裡的浮游生物當主食，注定也是死路一條，你得讓自己鯨不像鯨，魚不像魚，海陸都能吃，才是現階段的最佳求生策略。

臺灣的祈福

今年的臺灣，天災人禍不少，捷運有無差別殺人案，復興航空澎湖空難與高雄氣爆事件則各有數十人不幸喪生。

這些事件發生的原因自然各不相同，但臺灣從媒體、政治人物到一般民眾，倒是對這類悲劇有個一致性相當高的反應：為亡者祈福。

祈福的初衷不用懷疑，表達的是關心他人、感同身受之意。祈福一事讓我困惑之處在於，臺灣並非宗教立國、或是政教合一的國家，這祈福，究竟是向誰祈福呢？

如果是在歐美國家，當他們的政治領導人或是媒體說祈求上帝保佑的時候，雖然他們大概不會言明是那個上帝，但也很少人困惑於這個上帝是那個上帝，因為我們都確知，西方世界就是基督教文明國家。

在臺灣，祈福的對象則是一件非常曖昧不明的事。或者說，我們對這樣的曖昧不明，實則也是不以為意，最明顯指標就是，就連馬總統都出席了跨宗教的祈福大會。

這種不以為意，有什麼問題呢？在我看來，祈福本身並無問題，但它背後隱含的卻是，我們同樣對於解決問題的方法不以為意。祈福代表的，是我們期待好運，期待管線不會爆裂、飛機不會掉下來、每個人都不會無端殺人。我們的社會當然也有一點聲音，說我們應該要做出改變，預防類似的事件再次發生。只不過，這種聲音通常只有一到兩週的壽命，新聞熱潮之後，一切又是船過水無痕。我們依舊是將賭注壓在自己的好運上頭。

長期以來，臺灣人都很自豪於民族性格的善良，工作的勤奮，以及做事的有彈性。所以當有人說起，臺灣最美的風景是人，我們也就沾沾自喜的一直傳頌了下來，甚至比那些說我們應該要做出改變的聲音都要流傳得久。

只不過，臺灣發展的侷限，也正是在於無能為力將對好人、勤奮的人、以及有彈性的人的依賴，轉化為對制度與法律的運用與信任，所以一旦有不是好人的人出現了，過去勤奮的人不再勤奮了，現有的作法不再像以往那樣有效了，我們也就束手無策，只能乞靈於好運了。

各種宗教，各自都有發展出他們祈求禱告的路徑與方法，像基督新教，相信人有原罪，要靠努力工作與節約禁慾，才能得到某種程度的救贖，佛教徒則信仰，要積功德，才能得善報。

臺灣這種新世代的祈福，卻是那樣的輕飄飄，我們不太知道我們相信什麼，當然也就更不可能知道，要成就這樣的信仰必須付出的代價什麼。

這樣的祈福也跟臉書上的集氣沒什麼兩樣，確乎展現了臺灣人的善心與好意，卻也暴露了我們的茫然不知何去何從與無所作為。

臺灣人，不要再自我耽溺

近幾年來，臺灣年輕人赴海外遊學、度假打工的人數大幅增加，我們的社會頗有一些人抱著鼓勵年輕人的想法，以「職業無貴賤」、「多出去看看不是壞事」等說法來評論這樣的趨勢。

如果我們只單看這樣的趨勢，這樣的看法當然不無道理，但是如果將這樣的趨勢與臺灣出國留學人數連年下滑的現象合而觀之，我們就很難對這樣的趨勢那樣單純地正面看待。出國留學人數下滑，跟臺灣經濟疲弱不振、國內廣設研究所有關。留學的難度增加了，這可能是個事實。但是臺灣人面對這樣的困難，用的是一種輕巧的、迴避式的方法來解決困境，而我們的媒體與主流意識，再用一種政治正確的方式來包裝與解讀這樣的趨勢。

度假打工其實很辛苦，採水果、當屠夫或是快遞員，同樣這些工作在臺灣，願意到海外度假打工的人可能就不會願意在臺灣做同樣的工作。除了待遇的多寡以外，很多人是懷抱著一個夢想，要不是夢想一圓海外生活夢，就是夢想存了一筆錢以後，返臺以後可以開展一個不一樣的人生。正因為有這樣的夢想，這些年輕人所承受的人生從未體驗過的體力勞動之苦，也變得可以接受了。

但是臺灣當前的困境，也跟臺灣這樣的民族性格的侷限性有很密切的關係——我們很能忍受眼前的巨大苦難，卻不願意冒險挑戰，試圖打破環境的限制與僵局。

產業外移，我們希望擴大引進外勞，讓低成本競爭的產業可以回流臺灣；產業流血競爭嚴重，在臺灣很少人會覺得應該是放棄這個產業，勇敢地找尋新的高附加價值產業，而是硬頸精神地浴血再削價競爭下去。這當然也可以說是勇敢的一種，你從一種政治正確的角度來看，也可以讚揚這是臺灣人吃苦耐勞、打死不退的精神戰力展現，只是這種精神戰力一度讓臺灣取得一定程度上的經濟成就，卻不可能是可以幫助臺灣開創新局的精神力量。

度假打工卻不留學也是這樣。在我看來，留學的困難度提高了，我們的社會應該鼓勵年輕人勇敢地克服這樣的困難，或是在制度設計上給予更多協助與支援，而不是對臺灣社會的諸多倒退現象給個漂亮的包裝與自我安慰的說詞。

當下臺灣人的集體心靈狀態其實非常矛盾：一方面我們既嫉妒又欽羨韓國的超越與進步，一方面我們卻又沈浸在眾聲喧嘩的自我耽溺之中無法自拔，進退失據，不知何去何從，造就了臺灣這一二十年來停滯不前、乃至大開倒車的社會景況。

臺灣要有所改變，我們需要一場心靈與民族性格的革命。過去我們引以為傲、沾沾自喜的成就與特質，我們都必須回頭檢視，那些已經成為阻礙我們邁不向前的絆腳石。

小吃怎麼吃

日前去採訪一位從事茶飲產業二十多年的前輩，他所經營的公司，同時也是臺灣珍珠奶茶產業國際化最成功的企業之一，在全世界一、二十個國家都有他們的產品的蹤跡。

我們談的話題很多，最勾引起我的好奇心的，卻是他不經意的一句話——這位企業家說，珍珠奶茶就跟蚵仔煎、魯肉販一樣，是臺灣小吃。這當然一點也沒錯，珍珠奶茶就跟很多我們熟悉的臺灣小吃一樣，單價低、夜市或是大街小巷隨處可見，人們臨時意起隨時可以來一杯。

但是消費的結構與脈絡如此相似的臺灣小吃，為何走上截然不同的發展與命運呢？珍珠奶茶走向了國際，成為臺灣服務業全球化最成功的產業，甚至都快讓我們忘了它也是小吃，而更多的臺灣小吃們，卻仍然是只能停留在臺灣的小吃。而我們別忘了，冷飲茶產業的發跡不過二十多年的歷史，多數的臺灣小吃都有比這更淵遠流長的傳統。

原因當然不只一端，但我認為，很重要的一點，正是在於我們對於小吃該怎麼吃，缺乏超越夜市脈絡的文化想像。有不少人相信，吃夜市就該坐在騎樓上，人聲雜沓，以保麗龍餐盤和衛生竹筷就食，才是真正在地又夠力的臺灣小吃吃法。前一陣子有學者說，成功的大學教育，就是教出來的學生無法忍受到夜市吃飯，便遭到鄉民們的一面倒撻伐。若要臺灣人列舉最有臺灣特色的飲食文化，很多人可能也會毫不遲疑地說是夜市文化。

如同我在先前的專欄裡就已提到的，外國觀光客之所以到臺灣的夜市探訪或消費，未必是因為覺得那兒的食物好吃，符合他原本的飲食習慣，而是出自一種「獵奇」的心理狀態。「獵奇」作為一種觀光賣點沒有不妥，但注定有很高的侷限性。獵奇，意味著非常態之事，只適宜偶一為之，或說是根本只適合一次性的嘗試。先進國遊客到後進國觀光，尋求的是異於其尋常經驗的奇觀，是相對於正常的不正常，相對於常態的非常態。

珍珠奶茶可以跨出國門，成為「外國人」生活飲食的一部分，是一種可以天天喝的飲料，而多數的臺灣小吃卻只能固守這個蕞爾小島，成為了臺灣意象固著的「特色」，正是在於珍珠奶茶擺脫了臺灣小吃傳統的消費脈絡與結構，用一種店頭乾淨明亮、飲用起來簡便有趣的方式，鑲嵌到了全球多數人口都能接受的飲食文化之中。

哈佛大學教授克里斯汀生（Clayton M. Christensen）「創新的兩難」的說法，早就是許多人耳熟能詳的概念。但是正所謂知易行難，資產或包袱只在一線之隔，特色或是缺陷也只是一體之兩面，臺灣當前發展的諸多困局也與此密切相關——過去我們引以為傲、帶領我們走到今天這般田地的臺灣人的特性與習性，可能也正是阻礙我們開展新局的高牆與絆腳石。

BOD Books on Demand

PF0212 Viewpoint 28

我反對多元文化，有時候

作　　者 / 王盈勛
責任編輯 / 辛秉學
圖文排版 / 詹羽彤
封面設計 / 葉力安

發 行 人 / 宋政坤
法律顧問 / 毛國樑　律師
出版發行 / 秀威資訊科技股份有限公司
114台北市內湖區瑞光路76巷65號1樓
電話：+886-2-2796-3638　傳真：+886-2-2796-1377
http://www.showwe.com.tw
劃撥帳號 / 19563868　戶名：秀威資訊科技股份有限公司
讀者服務信箱：service@showwe.com.tw
展售門市 / 國家書店（松江門市）
104台北市中山區松江路209號1樓
電話：+886-2-2518-0207　傳真：+886-2-2518-0778
網路訂購 / 秀威網路書店：http://store.showwe.tw
國家網路書店：http://www.govbooks.com.tw

2017年11月　BOD一版
定價：320元

國家圖書館出版品預行編目

我反對多元文化,有時候 / 王盈勛著.-- 一版.
臺北市 : 秀威資訊科技, 2017.11
面； 公分. --
ISBN 978-986-326-464-4(平裝)

1. 言論集 2. 時事評論

078 106015288

讀者回函卡

感謝您購買本書，為提升服務品質，請填妥以下資料，將讀者回函卡直接寄回或傳真本公司，收到您的寶貴意見後，我們會收藏記錄及檢討，謝謝！如您需要了解本公司最新出版書目、購書優惠或企劃活動，歡迎您上網查詢或下載相關資料：http:// www.showwe.com.tw

您購買的書名：______________________________

出生日期：________年________月________日

學歷：□高中（含）以下　□大專　□研究所（含）以上

職業：□製造業　□金融業　□資訊業　□軍警　□傳播業　□自由業

□服務業　□公務員　□教職　□學生　□家管　□其它_____

購書地點：□網路書店　□實體書店　□書展　□郵購　□贈閱　□其他

您從何得知本書的消息？

□網路書店　□實體書店　□網路搜尋　□電子報　□書訊　□雜誌

□傳播媒體　□親友推薦　□網站推薦　□部落格　□其他__________

您對本書的評價：（請填代號　1.非常滿意　2.滿意　3.尚可　4.再改進）

封面設計____　版面編排____　內容____　文／譯筆____　價格____

讀完書後您覺得：

□很有收穫　□有收穫　□收穫不多　□沒收穫

對我們的建議：______________________________

____

____

____

請貼
郵票

11466
台北市內湖區瑞光路 76 巷 65 號 1 樓
秀威資訊科技股份有限公司 收
BOD 數位出版事業部

（請沿線對折寄回，謝謝！）

姓　名：＿＿＿＿＿＿＿＿　年齡：＿＿＿＿　性別：□女　□男

郵遞區號：□□□□□

地　址：＿＿＿＿＿＿＿＿＿＿＿＿＿＿＿＿

聯絡電話：（日）＿＿＿＿＿＿＿＿（夜）＿＿＿＿＿＿＿＿

E-mail：＿＿＿＿＿＿＿＿＿＿＿＿＿＿＿＿